2021年度版

まるわかり！電子印鑑

知識ゼロからはじめるDX

本書のご利用にあたって

※本書の内容は2021年5月の情報を基にしています。

※本文中の製品名、サービス名は、一般に各開発メーカーおよびサービス提供元の商標または登録商標です。本文中にTM及び©マークは明記していません。

※本書中のパソコン画面はWindows10、Microsoft Edgeを使用しています。本書中の各製品、サービスに関する情報は変更される場合があります。詳しい内容は各機関、企業等のホームページ、お問い合わせ窓口でご確認ください。

※本書の出版にあたっては正確な記述につとめましたが、著者、出版社など、いずれも本書の内容に対して何らかの保証をするものではありません。

業務の効率化やテレワーク導入に必須
電子印鑑

近年、「電子印鑑」や「電子署名」、「電子契約」といった言葉を耳にするようになりました。数年前から政府が推進してきた働き方改革が、スローなペースで拡がっていた中、2019年末、突如襲ってきた新型コロナウイルス感染症によってテレワークが一気に拡がり、これまで日本のビジネス社会が経験してこなかった速さで新しいビジネス様式を導入しなければならなくなったからです。

コロナ禍で明らかになったのは、非効率なワークフローです。会社からテレワークの指示が出ているにもかかわらず、管理職は「押印だけのために出社する」、部下は「ハンコをもらうために、上長の出勤日時に合わせて出勤する」など、大きな矛盾が生じています。これでは、業務の効率化はおぼつかないですし、テレワークの完全導入などは夢物語でしょう。

本書は、そんな問題を解決する「最初の一歩」として、「電子印鑑の導入方法や利用方法」を紹介していきます。会社（あなた）のビジネスプロセスの中に電子印鑑を組み込むことで、テレワークが導入しやすくなるばかりでなく、業務の時間短縮、コスト削減を実現し、外部企業との連携もスムーズになります。もちろん大企業ばかりでなく、中小企業や個人事業主（フリーランス）などにとっても、とても重要です。今後、取引先から電子印鑑での対応を求められる可能性も高まっていますから。

「これまで、印鑑と朱肉で捺印していた作業をデジタル化する」。とてもハードルが高いと感じる人もいるかもしれませんが、それは大きな誤解です。電子印鑑は、導入から印影の作成、そして使用するまで5分程度。操作もとても簡単で、日頃パソコンやスマホを使っている人であれば、誰でもすぐに利用できるようになります。本書は、そのために、皆さまをナビゲートしていきます。

白秋社編集部

働き方の変化と電子化の波

1.1 ワークフローの電子化

コロナ禍により変化した働き方

新型コロナの影響で働き方改革が加速

2019年末から拡がり出した新型コロナウイルス（COVID-19）感染症によって、大手を中心に多くの企業がテレワークを本格化させ、日本の勤務形態は大きく変化しました。アフターコロナとなって、これを継続していくのかどうかで各社の対応は分かれると思われますが、もともと「働き方改革」の一環として政府が主導してきたテレワークが、コロナ禍を受けて一気に進んだといってもいいでしょう。

在宅勤務を中心としたテレワークは、社員が柔軟な働き方を選択できるようにすることで、企業の生産性を向上させつつ、長時間労働をなくし、労働力不足に備えることを目的としています。

テレワークの導入率は増加

企業のテレワーク導入率は、上昇傾向にあります。まずは新型コロナウイルス感染症が問題になる前の状況です。総務省「令和元年通信利用動向調査」によると、テレワークを導入している企業の割合は、2017年時点では13.9%、2018年時点では19.1%、そして2019年時点は20.2%でした。産業別・従業員規模別で差はありますが、全体としては年々上昇傾向にありました。

では、コロナ禍に巻き込まれたあとはどうでしょうか？　2021年3月19日発表の東京都新型コロナウイルス感染症対策本部「テレワーク導入率調査」によると、従業員30人以上の都内企業のテレワーク導入率は59.0%で、2019年度の調査（25.1%）に比べて大きく上昇。大企業だけでなく、中堅・小規模企業においても導入が加速したことが鮮明になりました。

長時間労働の改善効果は限定的

このように、テレワークの導入が進んでいることは明確になっていますが、働き方改革の当初の目的である労働生産性の向上や長時間労働の是正にはつながったのでしょうか？

内閣府が2020年12月24日に発表した「第２回　新型コロナウイルス感染症の影響下における生活意識・行動の変化に関する調査」によると、確かにテレワーク等の実施率が高い業種においては、労働時間が減少している傾向がみられました。しかし、仕事の生産性については「やや増加した」「増加した」「大幅に増加した」と答えた割合は合わせて10.5％に過ぎず、労働生産性の効果は限定的であったといえます。

また、在宅での勤怠管理が明確でない企業においては、むしろ長時間労働になりやすくなる可能性もあります。自宅で働くとなると仕事とプライベートの境界が不明瞭になりがちで、実施すべき仕事内容と時間をコントロールする意識を持たなければ、逆に労働時間が伸びてしまいます。直接顔を合わせてのコミュニケーションがとれないため、意思疎通がうまくできず、対応に時間がかかるといった事態も想定されます。

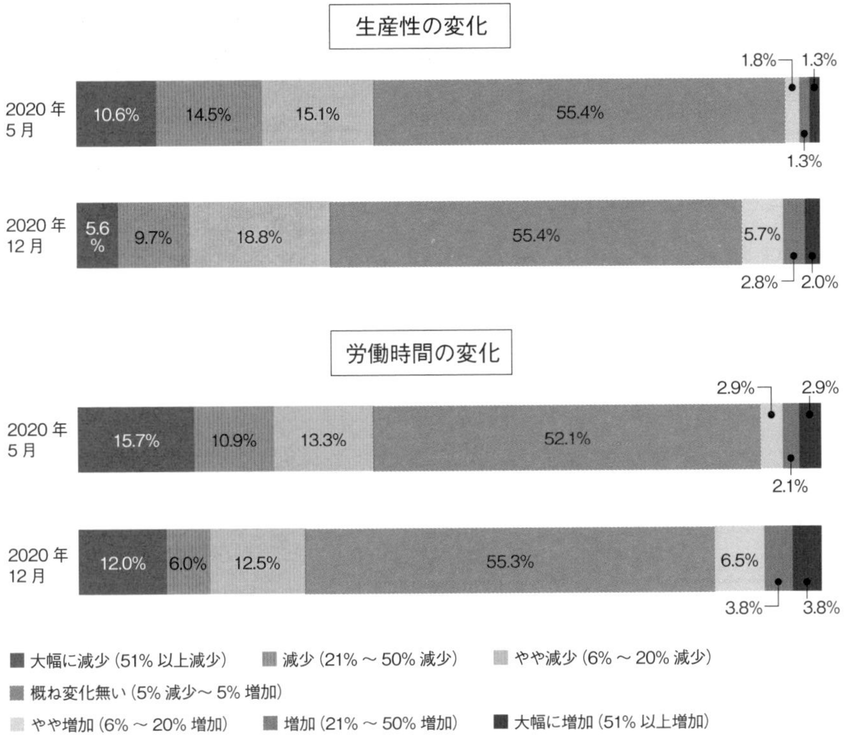

出所：内閣府「第２回　新型コロナウイルス感染症の影響下における生活意識・行動の変化に関する調査」

テレワーク導入で評価は“時間”から“成果”へ

このような状況から、テレワークにおいて従業員の業務を適正に評価するためには、やはり労働時間を管理者が適切に把握すると共に、労働時間ではなく成果に応じた評価制度へと移行していく必要があるといえるでしょう。

テレワークの環境が整備されると、働く場所を中心にして従業員の働き方は多様化します。同じ成果が出せるのであれば、毎日決まった時間に決まった場所で働く必要はなくなります。集中して能率良く業務を進めることが認められれば、本当の意味での生産性向上が期待できます。たとえば、出産や育児などを理由に仕事から離れている女性が活躍できるようになり、介護と両立しながら業務を続けられる人も増えることでしょう。多様な人材が活躍できることは企業にとっても大きなメリットです。

テレワークの推進を、あらためて検討し直し、生産性向上へのチャンスへと変えていく姿勢が企業に求められています。

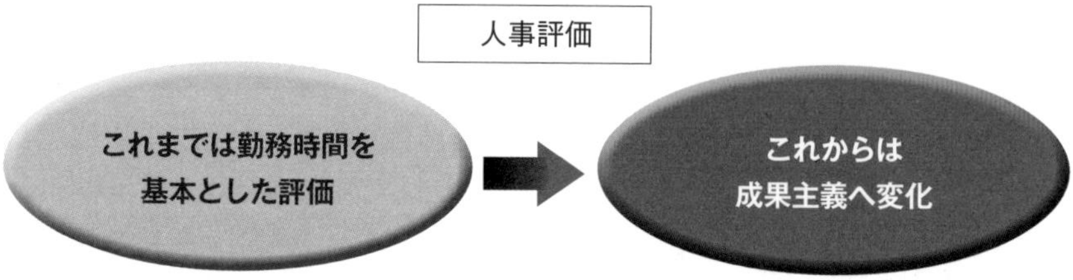

テレワーク導入の狙い

・生産性の向上

電車での移動中や立ち寄ったカフェなどでも仕事ができる。出社するよりも作業時間を長く確保できることから生産性の向上が期待できる。

・離職率を下げ、労働力不足に備える

在宅勤務の場合でも、子育てや介護の合間時間を利用することができ、フルタイムで働くことが可能。そのため、離職や短時間勤務への転換が不要になる。

・コスト削減

オフィスの家賃や家具などのコストを削減できる。通勤手当も発生せず、福利厚生の質を維持しつつコスト削減することが期待される。

日本の社会にテレワークが浸透することには時間がかかりましたが、突然、在宅勤務が始まったという人も少なくないでしょう。決まった時間に家を出て、決まった時間に出社していたこれまでの日常が、このコロナ禍を契機に大きく変わることになったのです。

新たな働き方に適応！
業務効率を上げるための３つのポイント

人事評価制度を改革するには、社内の理解を得る過程も含め、時間を要することが想定されます。しかし、浸透しつつある柔軟な働き方を今ここで途切れさせずに、労働生産性を向上させていくために、比較的簡単にできることもあります。テレワークにおいて業務効率を上げるポイントとして意識したいことは、次の３点です。

①チームでのコミュニケーションを頻繁にとる

関係者間での意思疎通を円滑におこなうことです。テレワークになると直接顔を合わせる機会は減るため、オフィス勤務とは根本的にコミュニケーションのとり方が変わる点に留意しなければなりません。認識の齟齬(そご)が起きないよう、これまで以上に意識的にコミュニケーションをとるよう心掛けましょう。オンライン会議システムやビジネスチャットといったツールも効率化のために役立ちます。

②スケジュール管理を徹底する

タスク・スケジュール管理を徹底することが大切です。テレワークにおいては、基本的に業務の進め方が個人に委ねられる部分が多くなります。時間を有効に使うためにも「何時から何時までどのような仕事をどこまで実施するのか」、スケジュール管理次第で生産性は格段に変わるといえるでしょう。

管理する側としても、部下の業務を可視化して、ある程度把握しておくことが大切です。プロジェクト管理ツール、To Do リストといったツールも活用して効率化を目指しましょう。

③ツールを積極的に活用する

効率化のためのツールを積極的に活用することです。すでに触れている点でもありますが、コミュニケーションツールやスケジュール管理ツール以外にも、テレワークにおいて生産性を向上させるためのツールは数多く提供されています。勤怠管理システムや電子印鑑などを導入し、社員が積極的に使いこなすことで、大きく効率化が図れます。

動き出したDX

そもそもDXとは

DXとは、「Digital Transformation（デジタル トランスフォーメーション）」の略称で、「デジタル技術を浸透させることで人々の生活をより良いものへと変革すること」「既存の価値観や枠組みを根底から覆すような革新的イノベーションをもたらすもの」といった意味です。

2018年12月に経済産業省が取りまとめた「デジタルトランスフォーメーションを推進するためのガイドライン（DX推進ガイドライン）」では、ビジネスシーンにおけるＤＸを「企業がビジネス環境の激しい変化に対応し、データとデジタル技術を活用して、顧客や社会のニーズを基に、製品やサービス、ビジネスモデルを変革するとともに、業務そのものや、組織、プロセス、企業文化・風土を変革し、競争上の優位性を確立すること」としています。

データやデジタル技術を基に企業が求められる変革

- 新しい製品やサービス、ビジネスモデルを生み出す。
- これまでのビジネスプロセスを再構築し、生産性の向上やコスト削減、時間短縮を図る。
- 業務全体（ワークフローなど）を抜本的に見直し、効率のいい働き方を社員に提供する。
- これらを推進するため、社員の意識改革や企業風土の醸成を図る。

なぜ、ＤＸに取り組む必要があるのか

企業がＤＸに取り組むべき理由を経済産業省がレポートしています。それは、DX推進ガイドラインを発表する直前の2018年9月に公表した「DXレポート ～ITシステム『2025年の崖』克服とDXの本格的な展開～」です。ここでは、「2025年の崖」という言葉が使われていますが、これは企業が複雑化・ブラックボックス化したレガシーシステム※1を改善しなかった場合に、2025年までに数々の問題が発生するというものです。

※1　企業内のあらゆる部門で現在使用中のコンピューターシステム。比較的長期にわたって使用されていることも多く、相対的に時代遅れとなっている。

2025年に顕在化するとされている諸問題

経営面	・基幹系システム※2を21年以上利用している企業が6割になる。
人材面	・IT人材不足が約43万人まで拡大。 ・古いプログラミング言語を知る人材が供給できなくなる。
技術面	・2027年にSAP ERP※3の保守サポートが終了する。 ・従来のITサービス市場とデジタル市場の割合が9：1から6：4になる。

※2 基幹系システム
生産管理や販売管理など、企業経営の根幹となるシステムのこと。企業に合わせてオリジナルのシステムが開発されていたり、カスタマイズされていたりすることが多い。

※3 SAP ERP
ドイツのソフトウェア会社であるSAP社が出しているERP（根幹となるシステムを統合し、効率化したシステム）のこと。多くの日本企業が導入している。

IT人材不足の拡大や2027年に予定されているSAP ERPの保守サポート終了などが要因となり、2025年頃には基幹系システムの維持が難しくなると予想されています。これが「2025年の崖」です。発生する可能性のある諸問題に対処するために、企業は2025年までにDX化を実現しなければならないのです。

既存のシステムがDX推進の妨げに

ブラックボックス化した既存のシステムがDX推進の妨げになるのは、技術の老朽化やシステムの肥大化・複雑化により、システムの全貌と機能が把握できない状態になっている場合があるからです。それではなぜ、ブラックボックス化が進んでしまったのでしょうか。その背景には次の3つが挙げられます。

既存システムのブラックボックス化が進んでしまった背景

・事業部ごとに過剰なまたは独自のカスタマイズをおこない、全社でのデータ利活用ができなくなってしまった。

・システムの開発をアウトソーシングするケースが多く、ユーザー企業内部にはITエンジニアがおらず、システムの開発ノウハウが蓄積できていない。

・導入時の担当者やシステムに関する知識を有している社員の退職により、属人的なノウハウが失われてしまった。

ブラックボックス化した既存システムの最大の問題は、システムが使用可能な間は問題が顕在化しづらいという点です。しかし、使用可能であっても、運用・保守にコストが割かれてしまったり、全社でデータの利活用ができなかったりすることで、新しい製品やサービス、ビジネスモデルの創出機会を損失している可能性もあります。

経産省の「DX レポート」では、ブラックボックス化した既存システムを放置した場合、次のような問題が顕在化すると指摘しています。

放置した場合に顕在化する問題

- データを利活用できないため、市場の変化に対応して柔軟にビジネスモデルを変更することが困難になる。
- システムの維持管理費が高騰し、IT 予算の大部分を占めるようになる。
- 高度な保守運用ノウハウを持つ人材が不足し、システムトラブルやデータ流失のリスクが高まる。

以上のことから、システムが使用可能な間に、企業は DX を推進しなければならないのです。

ＤＸ実現のために

それでは、DX 実現のために、企業はどのような対策を講じれば良いのでしょうか？

①自社の DX 推進状況を把握し行動計画を策定する

まずは、自社の DX 推進状況を把握し行動計画を策定すると良いでしょう。その指標となるのが経産省が発表した「デジタル経営改革のための評価指標・DX 推進指標」です。自社の状況を簡易的に自己診断できるもので、企業が直面する課題やそれを解決するために押さえるべき事項が把握できるようになっています。

② DX を経営者の問題と捉えず、プロジェクトに主体的に参加する

DX 推進指標には、経営者自らが回答するキークエスチョンと、経営者が経営幹部や事業部門、DX 部門、IT 部門などと議論をしながら回答するサブクエスチョンが設けられています。

DX は経営者だけが取り組む課題ではなく、企業全体で取り組む課題であり、社員の働き方、ひいては企業の未来のビジネスモデルに関わる課題です。新しい働き方が求められる現代において、自分と自社の価値を高めるためにも、社員がプロジェクトに主体的に参加することが重要といえるでしょう。

③ IT 資産の全容を把握し、既存システムを機能圧縮または廃棄する

社内に価値創出への貢献が少なかったり、利用されていなかったりするシステムはないでしょうか。先の DX レポートによると、多くの企業が利用価値や使用頻度の低いシステムに莫大なコストをかけています。DX を推進していくためには、アプリケーション単位でシステムの利用状況を把握し、価値創出への貢献が少ないシステムを機能圧縮し、利用されていないシステムを廃棄することが重要です。

④自社の競争領域を担うシステムを中心に新技術を導入する

既存のシステムを整理した後は、自社の競争領域を担うシステムを中心に新技術を導入し、国内外での競争力向上を目指していきます。新しいデジタル技術としては、クラウド、モバイル、AI などが挙げられます。DX 推進指標などを活用して、どの技術をどう適用できるか、検討しましょう。

⑤部署単位から DX 成功事例をつくる

経営陣の腰が重い場合や現場の反発が見込まれる場合には、部署単位から成功事例を作り、全社へ展開していくと良いでしょう。既存業務の一部をクラウドサービスに置き換えるなど、取り組みやすいところから DX の成功事例を作っていくことも可能です。たとえば、ペーパーレス化などは、比較的着手しやすい項目といえます。

【 DX 実現に必要なテクノロジー 】

●クラウドサービス

ソフトウェアやサーバ、ストレージなどのインフラを、インターネットを通じて利用できる仕組み。すでに多種多様なサービスが提供されています。事業や業務内容に合ったサービスを選ぶことでさまざまな最先端技術を活用することができ、ビジネスの効率が上がることが大きなメリットです。また、自社システムの維持費を削減することにもつながります。

● AI

顔や音声認識機能を使った製品の開発、膨大な顧客データの分析、問い合わせ対応など、さまざまなシーンでの利用が始まっています。

● IoT（Internet of Things）

家電や車などをインターネットにつないで情報を収集・分析し、得られたデータを活用する技術。

● 5G

「第 5 世代移動通信システム」のこと。通信速度が 4G から約 20 倍になり、10 倍の端末への同時接続が可能になるといわれています。これにより、クラウド、IoT などの技術開発も加速する可能性が高まります。

国が進めるデジタル化への取り組み

デジタル改革関連法

2021年5月、「デジタル改革関連法案」が参議院本会議で可決・成立、デジタル庁が発足することが決定されました。法案を巡っては、関係資料に誤字や用字の間違いが多数見つかったことで話題になりましたが、日本の未来を形づくる法律としても大きな注目を集めています。

成立したのは「デジタル社会形成基本法」「デジタル庁設置法」「デジタル社会の形成を図るための関連法律の整備に関する法律」「公的給付の支給等の迅速かつ確実な実施のための預貯金口座の登録等に関する法律」「預貯金者の意思に基づく個人番号の利用による預貯金口座の管理等に関する法律」「地方公共団体情報システムの標準化に関する法律」の6つ。

「デジタル社会形成基本法」は2000年に成立したIT基本法に代わるもので、データの利活用により、社会の発展を目指そうというもの。デジタル社会の定義や基本理念、デジタル庁の設置などについて定めています。

「デジタル庁設置法」はデジタル庁の担務や組織について定めるもの。また、「デジタル社会の形成を図るための関連法律の整備に関する法律」は、デジタル社会の形成に関する施策を実施するための整備をおこなうもので、個人情報保護制度の見直し、マイナンバーを活用した情報連携、押印を不要とする手続きの見直しなどが含まれます。

デジタル庁の新設

2021年9月1日に新設されることになったデジタル庁は、国や地方行政のICT化やDXの推進を担う機関で、マイナンバーカードの普及なども担当します。設置のきっかけは、2020年9月に菅義偉（すがよしひで）内閣が発足したことですが、それ以前から日本のDXの普及スピードが鈍いことや、それに対する危機感が経済産業省などから表明されており、検討開始から設置まで、省庁としては異例のスピードとなりました。政府の本気度が示された格好です。

デジタル庁には、行政の効率化に加えて、「民間や準公共部門のデジタル化を支援する」「オンライン診療やデジタル教育などの規制緩和をおこなう」といった役割が掲げられていますが、設置を急ぐ背景には、前述した「2025年の崖」があります。経産省では「今のままDXが進まないと2025年以降、毎年最大で12兆円もの経済損失が発生する恐れがある」と予測しており、行政だけでなく、民間企業へのDX浸透も国の重要な課題となっているのです。

企業の実務も大きく影響を受ける「デジタル手続法」

デジタル技術の利活用と官民協働を軸にして、行政機関の縦割りや「国と地方」「官と民」という枠を超えて行政サービスを見直すことによって、行政のあり方そのものを変革していこうという方針に従って、政府が推進してきた取り組みがデジタルガバメントです。政府が示した「デジタルガバメント実行計画」には、行政がデジタル化を進めていく上での原則や考え方が記載されています。

その形を具体的にしたものが、2019 年末に施行されたデジタル手続法です。これにより、さまざまな行政手続き・サービスをオンライン申請でおこなう時代への移行が開始されました。また、行政だけでなく、社会全体、特に民間企業の生産性向上を推進することも期待されています。新型コロナウイルスの感染症拡大の影響を受け、社会全体が“新しい生活様式”を模索しているタイミングと合致したこともあり、今後、企業の実務も大きく影響を受けることは間違いありません。

行政手続き・サービスは
オンライン申請の時代へ

デジタル化への３つの原則

デジタル手続法では、３つの基本原則が定めています。

1. デジタルファーストの実現

デジタルファーストとは、各種の手続き・サービスをデジタルで一貫して完結させる原則のことです。これまでにもオンライン申請が可能なサービスはありましたが、添付書類を別送する必要があったり、結果的に役所に足を運ばなければならなかったりといった課題がありました。そのため、手続きを最初から最後までオンラインで完結させることを原則としたのです。

2. ワンスオンリーの実現

一度提出した情報（文書）は再提出不要とする原則です。これまで、手続きごとに提出していた証明書（例：登記事項証明書）などの文書が、一度提出すれば提出済みのデータとして管理され、それ以降は提出が不要になります。利用者にとっては利便性が高まることはもちろん、文書申請の手間や発行手数料の削減につながります。

3. コネクテッドワンストップの実現

複数の行政機関や民間企業にまたがる手続きを1回で完結（ワンストップ）させようというものです。たとえば、引っ越しに伴うライフライン（電気や水道、ガスなど）の契約変更については、役所に届け出るだけで契約内容が自動的に更新されるようにすれば、届出者が各社と個別の手続きをおこなう必要はなくなります。特に、どこで暮らしていても必要となるライフラインのような契約については、行政機関や民間企業の連携が取れていれば非常に便利です。

今後は、さらに官民連携が図られ、私たちの生活に多様なサービスが関わってくるでしょう。コネクテッドワンストップの実現は、私たちの生活にとっても重要です。

現在、“新しい生活様式”へ向けて、電子申請・電子契約の普及推進が社会的に求められており、上記の3原則を元にして、あらゆる手続きのデジタル化が進んでいます。そのため、企業においても税務申告や労務管理、社会保険の手続きなどのワークフローを大きく変更する必要に迫られています。

電子申請・電子契約の導入を不安に感じる人が多いかもしれませんが、結果として業務の劇的な効率化につながります。まだ、DXへの準備が整っていない企業や個人は、これをきっかけに準備を整えていきましょう。

ビジネスに関わる主なIT関連の法律

電子帳簿保存法（1998年7月施行）

企業や個人事業主には、事業に関する帳簿書類を作成し、取引内容を記録・保存する義務があります。しかし、紙への記入は手間がかかるだけでなく、保管するスペースも確保しなければなりません。また、過去の取引内容を確認するため帳簿類を探し出そうとしたとき、保管方法によっては大きな労力を必要とする場合もあります。

そこで、企業・個人事業主の帳簿書類などを電子データとして保存することを認めたのが電子帳簿保存法です。正式名称は、「電子計算機を使用して作成する国税関係帳簿書類の保存方法等の特例に関する法律」。主に国税関係の書類や決算関係の書類などが対象です。紙で保管していた情報を電子データ化することで効率アップやコスト削減、情報漏洩対策にもなり、さらには人材を業務に集中させることができるので、生産性の向上につながります。

電子データでの保存可能な書類

●帳簿関連

現金出納帳　経費帳　仕訳帳　売掛帳　買掛帳　総勘定元帳　固定資産台帳　など

●決算書関連

貸借対照表　損益計算書　棚卸表　など

●証憑類※1

領収書　レシート　見積書　契約書　納品書　請求書　約束手形　小切手…など

※1 証憑（しょうひょう）：事実を証明する根拠となるもの。取引の証拠となる書類。

帳簿関連や決算書関連の文書は、最初の記録段階から一貫してコンピュータを使用して作成するものが対象です。また、証憑（しょうひょう）類には、領収書やレシート、見積書、請求書などが含まれますが、これらの書類はスキャナーで電子化したり、スマートフォンなどのカメラで撮影した画像データが認められています。

注意点としては、正式な書類として存在することを認める「タイムスタンプ」が必要になることです。タイムスタンプとは、その時刻から不正に改ざんされていないことを証明するもので、請求書など発行者のタイムススタンプがあれば受取側は不要のものもあります。

e-文書法（2005年4月施行）

e－文書法は、「民間事業者等が行う書面の保存等における情報通信の技術の利用に関する法律」と「民間事業者等が行う書面の保存等における情報通信の技術の利用に関する法律の施行に伴う関係法律の整備等に関する法律」の総称です。税務関係の帳簿書類や商法・税法等で一定期間の保管が義務づけられている文書を電子データ化するルールを定めています。電子帳簿保存法が財務省・国税庁が管轄で主に国税関連の文書を対象としているのに対し、e－文書法は、複数の省庁が管轄する約250の法律に対して適用されるので、対象となる文書の範囲はかなり広いと考えられます。

e－文書法では見読性・完全性・機密性・検索性の要件を満たす必要があり、文書の種類ごとに必要な要件が変わります。主な要件は下図の通りです。

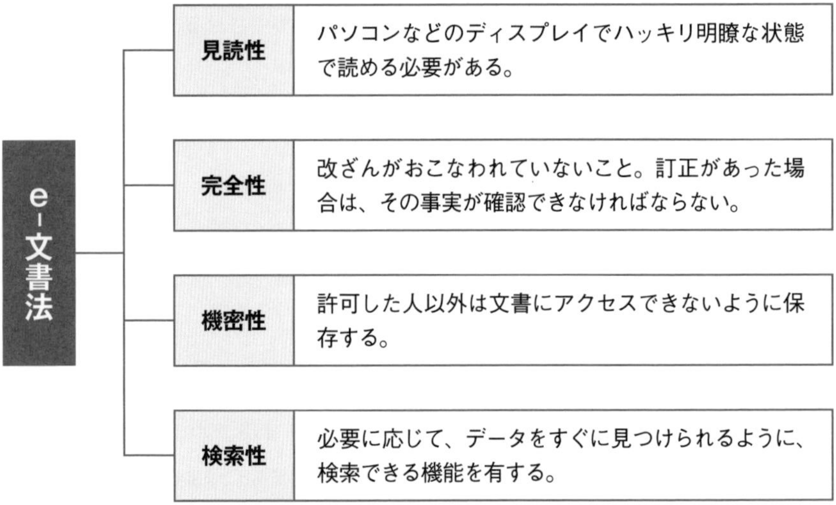

ＩＴ書面一括法（2001年4月施行）

ビジネスや社会のIT化が加速する中で、事業者に書面の交付あるいは書面による手続きを義務づけている法律（例：証券取引法、割賦販売法、旅行業法、下請代金支払遅延等防止法など）について、顧客が承諾していることを条件に、電子メールやファクスなどの通信技術を利用し情報を提供しても良いことを定めた法律です。これによる、電子商取引を促進することが狙いです。正式名称は、「書面の交付等に関する情報通信の技術の利用のための関係法律の整備に関する法律」。

電子署名法（2001年4月施行）

電子署名が自筆の署名や押印と同じ法的効力を持つことを定めた法律で、正式名称は、「電子署名及び認証業務に関する法律」です。第3条には、「電磁的記録であって情報を表すために作成されたものは、当該電磁的記録に記録された情報について本人による電子署名がおこなわれているときは、真正に成立したものと推定する」とあります。

→詳しくは56ページ

電子契約法（2005年12月施行）

ネットショッピングなどで、消費者の操作ミスや契約日のトラブルを解消するものです。事業者が消費者に対して購入内容を確認する措置（確認画面を表示するなど）を講じない場合、消費者が数量、金額などの入力操作でミスをしても、申し込みは無効になります。また、契約日については、消費者が操作した時点ではなく、事業者の送付した申し込み通知（メール等）が消費者に届いた時点となります。正式名称は、「電子消費者契約及び電子承諾通知に関する民法の特例に関する法律」。

1.2 スタートした公的機関のデジタル化

電子申請（オンライン申請）

スタートした電子申請

国や地方自治体、公的団体などでは、すでに電子申請をスタートさせています。新型コロナウイルス感染症拡大により売り上げが減少した企業に支給された「持続化給付金」や「家賃支援給付金」は、オンラインでの受け付けが基本で、大きな話題になりました。一部には、「手続きが難しくて申請をあきらめた」という声も聞こえましたが、社会全体がDXを押し進めていくことを考えると、ユーザー側もオンライン上での対応を避けては通れなくなるでしょう。

e-Gov電子申請

e-Gov（イーガブ：電子政府の総合窓口）とは、政府が運営する行政情報のポータルサイトです。紙によっておこなわれてきた申請や届出などの行政手続きを、手元のパソコンを使っておこなえるようにしたものです。

利用可能な主な省庁の手続数は、厚生労働省（中央労働委員会含む）が3474、国土交通省が175、金融庁が160、経済産業省（資源エネルギー庁、特許庁及び中小企業庁を含む）が132※1となっており、今後も増えることが予想されます。

申請だけなく、手続きの進行状況をパソコンやスマートフォンで確認することもでき、また、政府の試みや各省庁からのお知らせなどの情報も発信されるので、ビジネスにも役立つかもしれません。

e-Gov 電子申請
https://shinsei.e-gov.go.jp/

※1　2021年5月6日現在

社会保険の手続きが一部義務化

政府は、社会保険の手続きにおいても電子申請の利用促進を図っています。2020年4月からは、資本金等の額が1億円を超える企業や保険会社など特定の法人について電子申請が義務化されました。

申請には、無料で取得できる「GビズID」が必要ですが、このアカウントを使うと、DX推進のためのポータルサイトやe-Govも含め、社会保険以外のさまざまな行政サービスにログインすることができるので、1つ取得するだけで大きなメリットになるでしょう。

→詳しくは35ページ

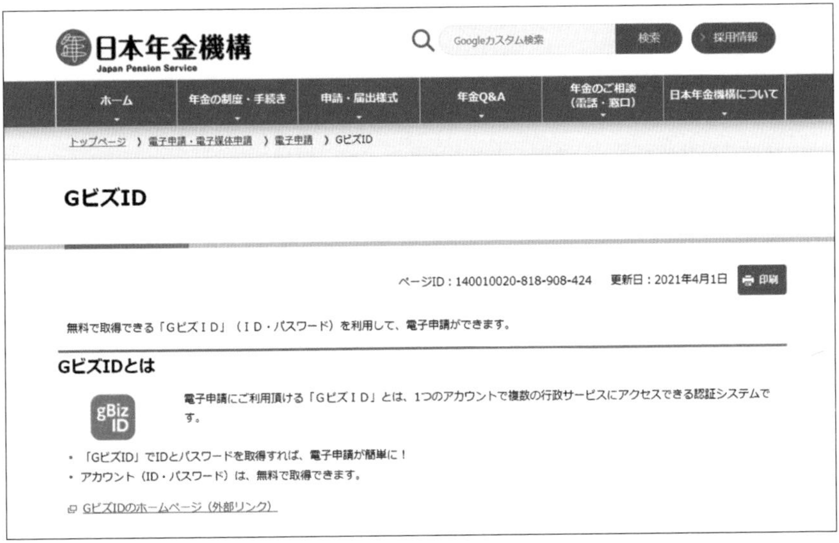

日本年金機構
https://www.nenkin.go.jp/
日本年金機構のウェブサイトからもGビズIDの取得申請をおこなうことができます。法人の場合、ダンロードした申請書と印鑑証明書を郵送する必要があります。

このように、今後あらゆる行政手続きやサービスが電子申請でおこなわれていくことになるでしょう。その利便性を享受するためには、個人も企業もDXへのしっかりとし対応やITスキルの向上などが必要となってくるのです。

登記の電子化

商業・法人登記のオンライン申請について

会社の設立時、商号や業務内容の変更時、本店の移転時などは、法務局の商業登記簿に会社情報を記載したり、変更する必要があります。登記簿には会社の名前、所在地、代表者名、資本金、事業内容等の重要な情報が記載されており、情報を公開することで、円滑な取引をおこなうことができます。

こうした商業・法人登記は、2021年1月8日より、オンラインでの申請が認められ大変便利になりました。オンライン申請システムを利用する場合には、事前に、次の準備が必要になります。

①登記・供託オンライン申請システムへのユーザー登録
②パソコンの環境設定
③申請用総合ソフトのダウンロード
登記・供託オンライン申請システムのホームページから無料の「申請用総合ソフト」をダウンロードして申請書を作成し、「電子証明書」を取得する必要がある。
https://www.touki-kyoutaku-online.moj.go.jp/

電子証明書と電子署名

電子証明書とは、認証局が本人であることを電子的に証明するもので、「書面取引における印鑑証明書に代わるもの」といえます。個人に置き換えるとマイナンバーカードのような働きをします。

登記のオンライン申請をする場合は、取得した電子証明書のほかに「添付書面」が必要です。添付書面とは、本店所在地の変更・取締役の変更などを決議した「取締役会議事録」などが該当します。また、この添付書面には申請人（代理人）や作成者の「電子署名」を付与する必要があります。

使用できる電子証明書については、法務局ホームページに「電子証明書の有効性に関する注意事項」として、次のように記載されています。

【電子証明書の有効性に関する注意事項】

1　申請書情報及び取下書情報にされた電子署名及び電子証明書については、申請人等が登記・供託オンライン申請システムに、これらの情報を送信した後に署名検証及び有効性確認を行うこととなります。そのため、登記・供託オンライン申請システムに、これらの情報を送信する時点（送信ボタンを押す時点）において電子証明書が有効でない場合には、エラーとなり、登記の申請をすることができません。

2　補正情報にされた電子署名の電子証明書については、その電子証明書が既に失効している場合であっても、申請書情報と併せて提供された電子証明書と同一のものであるときは、有効な電子証明書の提供があったものとして取り扱います（ただし、補正の内容が電子証明書の失効に関するものでない場合に限ります。）

3　委任状情報にされた電子署名の電子証明書については、既に無効となった電子証明書を登記・供託オンライン申請システムに送信した場合であっても、エラーとはなりません。しかし、委任状情報にされた電子署名の電子証明書は、その性質上、申請書情報にされた電子署名の電子証明書と同じ取扱いをする必要があります。そのため、登記・供託オンライン申請システムが、これらの情報を受信する時点において有効な電子証明書が提供されていない場合には、商業登記法第２４条第８号に基づく却下の対象となります。

4　添付書面情報（委任状情報を除きます。）にされた電子署名の電子証明書については、その情報に電子署名を行った時点において、有効なものであれば、有効な電子証明書の提供があったものとして取り扱います。

※必要な電子証明書の詳細は、申請の内容によって異なりますので注意が必要です。
詳しくは、法務省ウェブサイトの「商業法人登記のオンライン申請について」で確認してください。
http://www.moj.go.jp/

インターネットバンキングの口座開設

登録免許税の納付は、収入印紙や現金での納付も可能ですが、オンライン申請を実施する場合は電子納付が便利です。インターネットバンキングの口座を持っていない場合は事前に口座開設しておきましょう。

以上の準備が完了したら、登記・供託オンライン申請システムにアクセスして申請書の情報を送付すれば申請完了です。

※商業・法人登記を取り扱っている登記所については、法務局のウェブサイト「管轄のご案内」で確認してください。

http://houmukyoku.moj.go.jp/

特許電子出願

電子出願率は約 94 パーセント

かつては紙の申請書での出願が一般的だった特許申請も、現在はインターネットの普及によって、電子出願が主流になっており、現在は、四法平均（特許・実用新案・意匠・商標）で約 94 パーセントという高い水準に達しています。

数字が示す通り、現在は電子出願が主流となっていますが、逆に、電子出願できる手続きを、従来のように書面でおこなう場合は、記載事項を登録情報処理機関で電子化することが必要になり、電子化手数料が発生します。

電子出願の 4 つの利点

● 24 時間特許申請が可能

夜間や休日でも申請することが可能。

●所在地を問わず申請が可能

パソコンの通信環境が整っていればどこからでも申請できる。

●記入ミス・記入漏れの防止

入力チェック機能があるため記入ミスや漏れを防ぐ。

●時間・コストの節約

申請用紙も待ち時間も不要。複数の申請手続きをまとめておこなうこともできる。

【電子申請の手続き】

1　電子証明書を入手します。法人の場合は、法務省のホームページから証明書発行申請ソフトをインストールし、申請ファイルは CD-R に保存します。

2　電子申請発行申請書・申請ファイルを保存した CD-R・印鑑カードを持参し、企業の場合は、本社管轄の登記所で電子申請書の発行申請を行います。

3　電子証明書発行確認票を受領後、インストールした専用ソフトでインターネットから電子証明書をダウンロードすれば、すぐ電子出願ができるようになります。

※電子申請の詳しい仕組みは、特許庁のウェブサイトで確認してください。

https://www.jpo.go.jp/

電子公証

電子公証制度とは

電子公証は、紙の文書についての「認証」や「確定日付の付与」といった公証事務を、インターネットを介して電子文書でおこなうものです。電子公証の効力は、書面の文書でおこなう場合と同じです。また、それに付随して、「電子文書の保存」や、「謄本の作成」等も可能です。

たとえば、会社設立の際に必要な「定款認証」を電子公証する場合は、定款の文書を記録したPDFファイルに対して認証をすることができます。またこの場合、紙の定款の認証の際には必要な印紙税（4万円）が不要になります。

電子公証システムにおける電子認証のイメージ

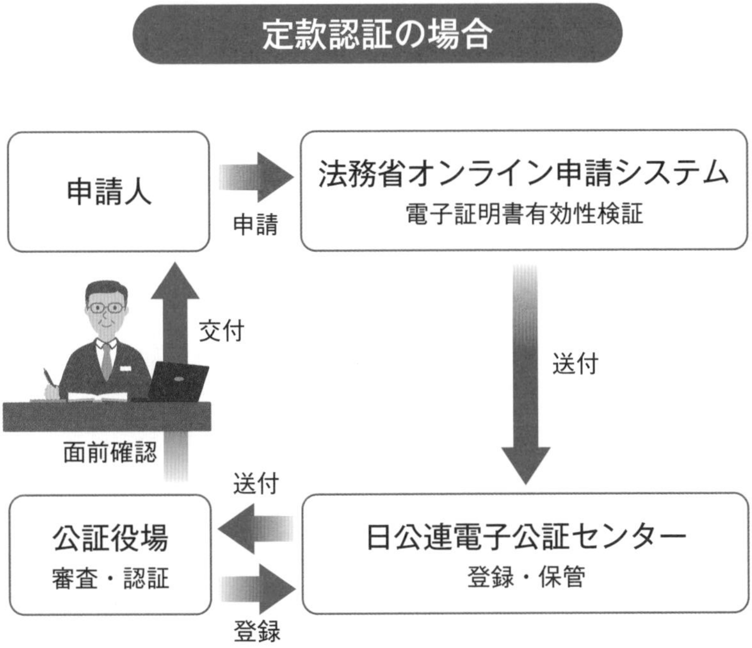

- 認証した電子文書は20年間、電子確定日付に関するデータは50年間保存される。
- 認証された電子文書・確定日付が付与された電子文書は、紙で保存した文書と同一であることの証明書の発行を受けることができる。
- 認証された電子文書・確定日付が付与された電子文書が、正式文書である（改ざんされていない）ことの証明を受けることもできる。

電子公証は、法務省が運営する登記・供託オンライン申請システムを使っておこなわれます。嘱託人（申請人）と指定公証人が交わす電子情報のセキュリティについては暗号化され、第三者の改ざんや盗み見を防止します。

※利用方法などの詳細については日本公証人連合会のウェブサイトで確認してください。
https://www.koshonin.gr.jp/

税務手続きの電子化

大法人や団体は電子申告が義務

2018年度の税制改正により、「電子情報処理組織による申告の特例」が創設され、「一定の法人」は、法人税や地方法人税、消費税、地方消費税などの申告・納税が、電子申告納税システム（e-Tax）を利用することとして納税が義務化されました。

以前から、電子申告を確定申告などで利用している企業もありましたが、その判断は、企業に委ねられていました。ところが近年は、著しく電子化が進み、税務手続きにもICTを積極的に取り入れて業務の効率化を図る取り組みが進みました。

電子申告義務化の対象になる「一定の法人」とは、法人税法で「大法人」と定められた企業や団体で、資本金が1億円を超える株式会社や相互会社、投資法人、公益法人、協同組合などを指します。現在のところ、中小企業においてはe-Tax納税の義務はありませんが、今後は、電子申告への移行が検討されるものと考えられています。

電子申告のメリット

電子申告の活用には次のようなメリットが挙げられます。

① 24時間いつでも申告が可能

e-Taxは、休祝日を除く平日は24時間、月の最終土曜日と日曜日は8時30分～24時のあいだ利用可能です。システムのメンテナンス時を除き、所得税の確定申告期間中は、休祝日も含めて全日24時間利用可能になります。

②申告を早期に完了できる

税務署での確定申告は、原則2月16日～3月15日が受付期間となっており、それ以外の日程での提出は認められません。しかし、e-Taxなら1月上旬から確定申告がおこなうことができ、早期に確定申告を完了させることができます。

③提出書類を省略できる場合もある

窓口や郵送で確定申告をおこなう場合、確定申告書のほか、医療控除の明細書などの提出が必要です。e-Taxであれば、これらの証明書の提出を省略できる場合があります。

④ e-Taxなら控除額が増える

2020年（令和2年）分の確定申告からは、基礎控除額が38万円から48万円に上がる分、青色申告特別控除額が最大65万円から最大55万円に変更されました。ただし、e-Taxや、電子帳簿保存で青色申告をおこなうと、青色申告特別控除として、引き続き最大65万円の控除が受けられます。

e-TaxとeLTax

電子申告は、税金・申告の種類により「e-Tax」と「eLTax」に分けられます。

e-Taxについて

最も馴染み深いのがe-Taxです。e-Taxは、確定申告や決算申告などの際に次のようなものが対象になります。

＜e-Taxの対象＞

法人税、地方法人税、消費税、地方消費税、復興特別法人税、法定調書等申告、届出（電子帳簿保存等）

eLTaxについて

eLTaxは、地方税関係の申告で利用されるものです。eLTaxの「L」は、「Local（地方）」を意味します。対象は次のようなものが挙げられます。

＜eLTaxの対象＞

法人都道府県民税、法人事業税、特別法人事業税、法人市町村民税、固定資産税にかかわる資産申告、修正申告

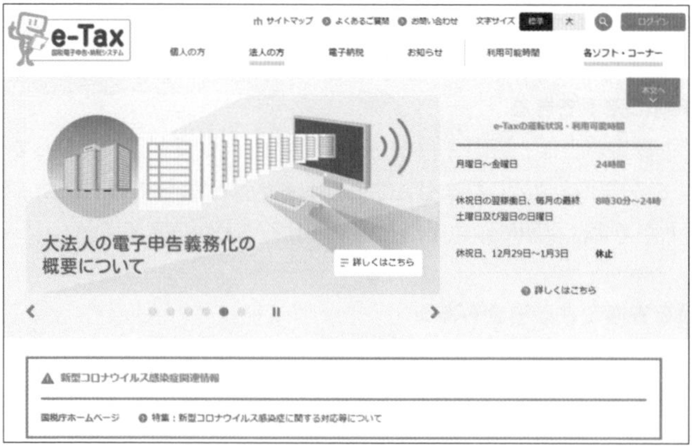

国税電子申請・納税システム
e-Taxのウェブサイト　https://www.e-tax.nta.go.jp/

法人認証カードとは

法人認証カードは、法務局（電子認証登記所）が発行する商業登記に基づく電子証明書をＩＣカードに格納したものです。ＩＣカード型電子証明書としては、国内唯一の「法人」を認証するものとして、各省庁・自治体の電子申請システムで利用を認められています。

法人認証カード主な用途

国税庁の電子申告・納税システムe-Taxのほか、特許庁のインターネット出願、政府や自治体の電子入札・電子申請の際に、「電子の実印」として利用されています。

高いセキュリティ管理が可能

これまでの商業登記電子証明書の管理は「ファイル形式・ＦＤ保存」が一般的でした。これでは、パソコンの知識がないと、セキュリティ面が中途半端な状態で電子証明書を使用してしまう可能性がありました。

法人認証カードでは、ＩＣカードにＣＰＵを内蔵して、データの保護や不正利用防止の機能が備えられています。これにより、安心安全に電子証明書を利用できるようになりました。

電子証明書取得が手軽に

法務局への電子証明書発行申請をおこなうためには、専用ソフトウェア（有料）が必要でしたが、法人認証カードサービスを利用することで、申請のために有料の専用ソフトを購入する必要がなくなり、より手軽に商業登記電子証明書を取得できるようになります。

人事・労務

電子化で業務効率が向上

2018年4月24日、政府の規制改革推進会議・行政手続部会にて、行政手続きのコスト削減に向けた見直しの結果と今後の方針が検討されました。その公開資料の中で、先行して進んでいる「税務手続きの電子化」と同様に、「人事労務手続きの電子化推進方針」が明示されました。またここでは、人事労務関係手続きの一部が電子申請の義務化が盛り込まれているほか、将来的な手続きの簡素化の方針が示され、事実上、今後も電子化が進んでいくことが明示されました。

電子申請が義務化された書類

健康保険 厚生年金保険	○被保険者報酬月額算定基礎届 ○被保険者報酬月額変更届 ○被保険者賞与支払届
労働保険	○継続事業（一括有期事業を含む）を行う事業主が提出する以下の申告書 ・年度更新に関する申告書（概算保険料申告書、確定保険料申告書、一般拠出金申告書） ・増加概算保険料申告書
雇用保険	○被保険者資格取得届 ○被保険者資格喪失届 ○被保険者転勤届 ○高年齢雇用継続給付支給申請 ○育児休業給付支給申請

電子申請義務化の動きと対象企業

義務化の対象となる企業は、先述した「税務関係」の義務化対象と同様に「大法人」と定められ、資本金が1億円を超える大企業となっていますが、今後は中小企業にも拡大することが見込まれています。

現在は、社会保険・労働保険に関して2020年4月1日から国の方向性として「電子申請義務化」を実施しています。これまでも、申請の電子化を促進する施策が進められてきましたが、CD-Rなどの記録媒体での提出も含め、書面以外であれば認められました。しかし今後は、電子申請のみが認められる方針に決定しました。

当面は、電子申請義務化の対象となるのは社会保険・労働保険に関してのみですが、雇用保険関係（入退社の手続き、年次業務などについて）も対応が迫られます。

電子申請「e-Gov」の手続き

電子申請手続きには２つの申請方法があります。行政情報の検索やさまざまな行政手続きにオンライン申請・届出をおこなうことができる行政のポータルサイトe-Govから申請する方法と、外部連携のAPI対応専用ソフトから申請する方法です。

ここでは、e-Govサイトからの申請手続きについて説明します。

e-Govから直接申請する方法

e-Govからの申請手続きの方法は「通常申請」と「一括申請」の２通りの方法があります。

●通常申請

e-Govサイト上で申請書類を１項目ずつ手入力して、添付書類を１つずつアップロードする方法です。地道な入力作業のため手間のかかる申請方法で、義務化の対象となるような大企業であれば相応の労力と正確さが求められます。

●一括申請

申請に必要なデータや添付ファイル・署名ファイルを１つの圧縮ファイル（ZIP）にまとめ、アップロードすることで申請する方法です。

複数の申請や複数人の申請も１つの圧縮ファイルにまとめることが可能です。ただし、このZIPファイルをつくるためには専用のソフトウェアが必要です。

行政サービスへのパスポート「Gビズ ID」

GビズIDとは、複数の行政サービスへの申請を、１つのアカウントでの利用を可能とする認証システムです。

GビズIDのアカウントを取得（無料）すれば、従来の補助金申請システムや保安ネットに加え、社会保険手続きの電子申請といった複数の行政サービスを利用できます。また、一部の手続きについて電子申請が義務化された社会保険についても、これまでは企業の確認手段として、電子証明書を取得（有料）する必要がありました。しかし、GビズIDを取得することで、電子証明書がなくても電子申請が可能となります。

今後は、電子申請対象の行政サービスが広がることが見込まれていることから、GビズIDを取得することは企業にとって多くのメリットが生まれると考えられます。

なお、「GビズIDプライム」は、補助金申請などもおこなうことができるアカウントです。

また、取得するアカウントの利用者は、「法人代表者自身」や「個人事業主自身」である必要があります。

GビズIDの取得所得方法

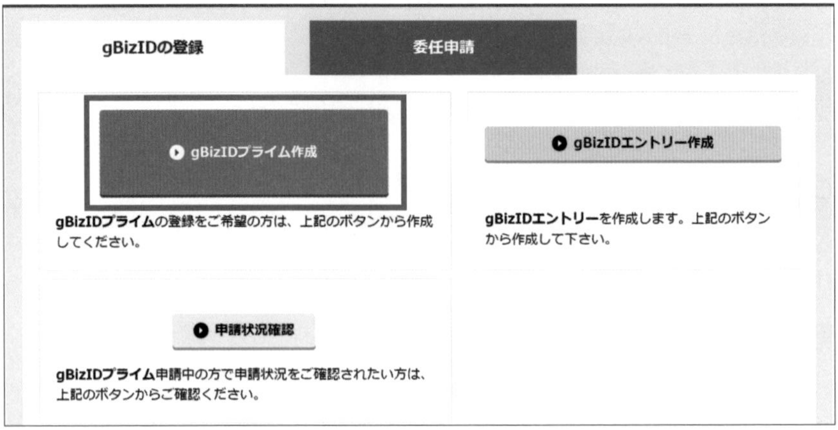

① スマホまたは携帯電話、印鑑証明書、登録印、パソコンを用意する。

② パソコンで「GビズID」のトップページにアクセスし、「gBizIDプライム作成」をクリック。

※ https://gbiz-id.go.jp/top/

③ 必要事項を記入すると申請書が作成されるのでダウンロードする。

❗ 法人番号を入力すれば、法人名、法人所在地が自動入力されます。法人番号がわからない場合は、国税庁法人番号公表サイトで確認できます。

④ ダウンロードした申請書をプリントアウトして記入・捺印し、印鑑証明書と一緒に郵送する。

❗ 郵送先は、プリントアウトした用紙の中に記載されていますので、それを切り取って封筒に貼ります。

・・・・・・約2～3週間後・・・・・・

⑤ 不備がなければメールが届くので、記載されたURLをクリックすると、ワンタイムパスワードがスマホまたは携帯電話に送られてくる。

⑥ 届いたワンタイムパスワードをパソコン上で入力し、パスワードを設定する。

これでアカウントが取得できます

労働条件通知書の電子化

労働基準法では、労働契約時に「労働条件通知書」を“書面で通知する義務”があります。ところが、人事担当者の業務領域は幅広く、書面通知の業務負担が大きく、これによるトラブルも生じていました。そこで、厚生労働省は、2019年4月、労働条件通知書を「条件付きで電子化を許可する」と規制を緩和しました。これを機に、労働条件通知書の電子メール等による提供が認められ、雇用契約の完全電子化の実現が可能となりました。

具体的には、労働者が希望した場合に限り、ファックスや、Gmailなどの Web メールサービスを含む電子メール、LINE、メッセンジャーなどのSNS機能など、「出力して書面を作成できる」方法での労働条件の明示が可能となりました。書式は特に決められていませんが、必ず記載しなければならない基本項目は決められています。

記載が必要な基本項目

賃金・契約期間・勤務時間・勤務地・業務内容

公共機関・地方自治体

公文書の取り扱いにも電子化の波が

公共機関や地方自治体が取り扱う公文書は、行政の効率的な運営をおこなう文書として適切な管理が求められてきました。しかしながら昨今は、公文書管理をめぐる不適切な問題が露見したことにより、「今後作成する行政文書は電子的に管理することを基本とし、機密の確保、改ざん防止等にも配慮しつつ、行政文書の作成から保存、廃棄・国立公文書館等への移管までを一貫して電子的におこなうための仕組みの在り方を策定する」という方針が、政府の公文書管理委員会から発表されました。

日本の公文書管理をめぐる取り組みは浅く、電子化への対応以外にも、今後、検討すべき課題は山積みです。加えて、行政文書の電子化は、国が定めた公文書の管理方法を規定した法律ですが、自治体にも努力義務が課せられています。

公文書管理条例の制定・見直しや適正な公文書管理体制の構築・見直しを進め、適切な行政サービスに落とし込むためには、自治体職員の正確な理解が欠かせません。電子化の波は、9割以上の資料が紙で作成・保管されている行政の現状から、革新的な転換が必須となっています。

文書管理の電子化

以上のような背景から、国や地方自治体による行政サービスにおいても、文書管理の電子化は喫緊の課題となっています。

また、これまで「紙文書のやり取り」でおこなわれてきた手続きを電子化するなど、新しい時代に対応するために、さまざまな取り組みが実施されています。

文書を電子的に管理し、体系的な整理を進めることで、文書の所在を把握し、共有や更新履歴の管理、文書そのものの探索が容易になり、ペーパーレスで快適な職場環境の実現にも寄与します。

電子化で役所が無人窓口になる？

自治体業務の電子化推進のために総務省が設置した「スマート自治研究会」は、2019年5月に発表した報告書で、「住民にとって、窓口に来ることは負担」「窓口に来なくても目的を実現できないか、常に考える」という原則を打ち出しています。自治労連・地方自治問題研究機構の研究・報告では、自治体の窓口業務について次のようにレポートしています。

『デジタル化を推進する総務省の担当職員は「人が介在しなくても完結するサービス」をめざすとして、「これまで手続き中心であった窓口の機能を、極力オンライン化することにより、人でしか対応できない相談業務等を中心にした窓口に変えていくことが可能になる」、「システムの標準化とＡＩの活用が進めば、場合によっては、マイナンバーカード等を活用した無人窓口も実現可能なのではないかと思う」と述べています。
総務省のアドバイザーを務め、ＡＩシステムを開発している民間企業の研究者は「民間ではすでに窓口の廃止が進んでいる。自治体においても、窓口を便利にするのでなく、窓口に来なくてもよいように考えるべきではないだろうか」と、窓口を廃止することまで求めています。』（自治労連・地方自治問題研究機構構・研究と報告 NO. 138）

こうした背景には、自治体職員が不足する中、電子化をベースとして業務の省力化をおこない、行政サービスを効率化することがあります。

自治体の DX推進計画

電子化の遅れによって、新型コロナウイルスの対応において、地域や組織間でデータの共有や活用が十分にできないという課題が明らかとなったことから、自治体における DX の必要性が顕在化しました。

これに基づき国は、「デジタル社会の実現に向けた改革の基本方針」（2020 年 12 月 25 日）において、目指すべきデジタル社会のビジョンを決定。ビジョンを実現するために総務省は「自治体 DX 推進計画概要」をまとめました。計画書の中で記された概要は以下の通りです。

DX 推進計画の概要

計画の対象期間は、2021 年 1 月から 2026 年 3 月まで。デジタル庁の設置などをおこない、国の動向を反映させるよう適宜見直しをおこなうとともに、自治体の取組状況に応じた進捗管理をおこないます。

《組織体制の整備》については、デジタル人材の確保・育成、計画的な取組み、都道府県による市区町村支援などが挙げられています。

《重点取組事項》については、自治体の情報システムの標準化・共通化、マイナンバーカードの普及促進、行政手続きのオンライン化、AI・RPA ※1 の利用推進、テレワークの推進、セキュリティ対策などが挙げられています。

※1　RPA：「Robotic Process Automation」の略語で、事務作業を担う担当者が PC などを用いておこなっている一連の作業を自動化できる「ソフトウェアロボット」のこと。

●デジタル人材の確保・育成

DX 推進体制構築にあたり、外部人材の活用・職員の育成を推進します。国の支援策としては、デジタル庁の設置、外部人材確保の仕組みの構築、総務省・デジタル庁の連携による「共創プラットフォーム」の創設、自治体職員への研修等の実施。
市町村が外部人材を雇用する場合、経費の特別交付税措置などをおこないます。

●計画的な取組み

重点取組事項に関わる目標時期や国の動向（標準仕様策定等）を踏まえた、工程表の策定等による計画的な取組み。国の支援策として、2021 年夏を目途に、総務省が自治体 DX 推進手順書の策定をおこないます。

●都道府県による市区町村支援

市区町村における個別の施策の着実な推進、デジタル技術の共同導入、人材確保についての支援をおこないます。

●自治体の情報システムの標準化・共通化

目標時期を 2025 年度とし、「（仮称）Gov-Cloud」の活用に向けの基幹システムについて、国の策定する標準仕様に準拠したシステムへの移行を実施します。

●マイナンバーカードの普及促進

2022 年度末までにほとんどの住民がマイナンバーカードを保有していることを目指し、交付円滑化計画に基づき、申請を促進するとともに交付体制を充実させます。

●行政手続きのオンライン化

2022 年度末を目指して、マイナンバーカードを用いて申請をおこなうことが想定される手続きについて、マイナポータルからのオンライン手続きを可能にします。

● AI・RPA の利用推進

自治体の情報システムの標準化・共通化、行政手続きの電子化による業務見直し等を契機に、AI・RPA 導入ガイドブックを参考に AI や RPA の導入・活用を推進します。

●テレワークの推進

テレワーク導入事例やセキュリティポリシーガイドライン等を参考に、テレワークの導入を推進。自治体の情報システムの標準化・共通化、行政手続きの電子化による業務見直し等に合わせて対象業務を拡大します。

●セキュリティ対策

改定セキュリティポリシーガイドラインを踏まえ、適切にセキュリティポリシーの見直しをおこない、セキュリティ対策を徹底します。

自治体のDXの取り組み事例

「3つのSmart改革を推進」（三重県）

三重県は2019年度に「スマート改革」を開始。

2020年度からはそれをSmart Government（県庁改革）、Smart Workstyle（官民で実現する新しい働き方）、Smart Solutions（テクノロジー活用による社会課題解決を加速）」の3項目に整理して推し進めています。

Smart Governmentは、ICTを活用して業務の生産性を向上することを目指します。県庁主催の会議はオンラインへ移行。RPAなどの自動化ツールを活用して生産性を高め、各種手続きはオンライン化によって利便性の向上を図っていきます。

Smart Workstyleは、在宅勤務などの柔軟な働き方を実現し、勤務時間を固定することなくワーケーションのような働き方を視野に入れ働き方を変えていくことです。

Smart Solutionsでは、最新のデジタル技術を活用して、これまで解決できなかった課題にアプローチすることを目指します。

この改革は、組織的な課題を把握し、職員の意識を変え、職員がデジタル知識を身につけることやデジタルによって行政サービスが便利になることを住民に実感してもらうことをプロジェクト成功のポイントと位置づけています。

「DX推進プラットフォームの構築を推進」（愛媛県）

愛媛県は2018年度、デジタルマーケティングの専門部署「プロモーション戦略室」を新設しました。戦略室設置後は、インバウンドの誘客、サイクリストの誘致、県産品販売促進を重点分野として、販促動画の配信、視聴データの分析などを推進してきました。

また、新型コロナウイルスの影響で経営難を強いられた県内事業者の支援を目的に、通販サイト「楽天市場」に開設した県産品の販売サイト「愛媛百貨店」で販促キャンペーンを実施。前年同期の3.6倍となる1億円を売り上げることに成功しています。

インバウンドについては外国人向け動画は視聴回数4000万回以上を達成したほか、ウェブマガジンを作成し、サイトの滞在時間延長にも成果を上げています。

1.3 企業内・企業間取引における電子化の流れ

電子化が働き方改革の根幹

社内業務の効率化

働き方改革が進む中、社内業務の効率化は企業が取り組むべき最優先課題といえるでしょう。そこでまずポイントとなるのが紙文書の電子化です。

日々の業務の中には、帳票業務をはじめとして、会議資料や稟議書、見積書、請求書など、紙が介在する業務が多くあります。それらの作成はもとより、過去に作成した文書がみつからない、文書が増えて場所を取ってしまう、回覧から承認までに時間がかかる、といったアナログな紙文書ならではのネガティブ要因があり、これらが、効率的に仕事を進め、生産性向上を妨げる要因になっています。

こうした社内文書を電子化することで、書類の作成から承認までの時間短縮、ファイリング作業や文書管理業務の軽減など、大幅な業務の効率化が見込めます。

また、すべてネットワーク上での申請・管理となるため、社内文書紛失のリスクを抑制することも可能になり、社内のペーパーレス化を推進します。

社外取引の電子化

社内業務同様に注目されているのが電子契約です。署名を電子署名でおこなうことで、書面の契約書と同様に、双方の合意の証しとして残すことができます。この背景には、電子帳簿保存法や電子署名法といった法律の整備があります。契約書類を電子データで保存すること、手書きの署名の代わりに電子署名が同等の効力を持つことが認められ、実現しました。

→詳しくは 56 ページ

バックオフィス業務を改革

経理や総務、人事、法務、財務など、いわゆる「バックオフィス業務」に関しては、書類の発送や受け取りのためだけに出社することを余儀なくされる事態が発生して「先進国らしからぬビジネススタイル」と社会問題にもなりました。

業務を電子化すれば、社内稟議書の作成と共有、社外取引における契約書の作成までパソコンで完結できるため、事務手続きだけのために出社する必要がなくなります。電子化の導入は、旧態依然としてバックオフィス業務の「働き方改革」の基本です。

社内業務の効率化のポイント

決裁業務を電子化する

数ある社内業務の中で、最も非効率になりがちなものが、稟議書（決裁書）などの申請から決裁までの流れではないでしょうか。

社内において、何らかの事案を推進させるためには、社内合意と組織内協業を滞りなくおこなうためのコンセンサスが必要です。そのために、申請者が稟議書を作成して自分の上長に提出し、そこから長い回覧を経て、最終的な認否が最終決定者によっておこなわれます。

地域生活の中ですら、今どき「回覧板」などは時代遅れの伝達ツールになっているにも関わらず、今なお紙で回覧され、時に流れが停滞し、またある時には行方がわからず、というのは、あまりにもナンセンスです。

これら一連の流れを、デジタル化して、決裁業務はシステムの中だけで完結するのがワークフローシステムの中でおこなう稟議書の電子化です。電子化された稟議書は、印鑑を電子印鑑や承認ボタンに置き換えられます。1 人の決裁権者が書類を確認、電子印鑑や承認ボタンを押せば、自動的に次の決裁権者へ情報が伝達されます。

→詳しくは 46 ページ

決裁業務を電子化するメリット

●申請から決裁までが速くなる

稟議書をメールで送る（クラウド上で共有・管理する）ことができる。もちろん承認者が複数の場合でも同時に確認することができる。また、承認者がテレワークや出張中でも承認することが可能なため、決裁までの時間が大幅に短縮される。

●ステータス管理ができる

紙の回覧では、稟議書がいま誰の手元にあるかわからない。しかし電子化すれば、稟議書がどこにあるかが把握でき、直接認否を依頼することも可能。

●ペーパーレスを実現できる

プリントアウトが不要なため、紙の使用量が削減できる。また、ファイリングや文書の管理といった付帯作業も削減できる。

●セキュリティが強化できる

電子化することにより、重要な稟議書は暗号化キーを設けるなどのセキュリティ対策を講じることが可能。

帳票業務を電子化する

あらゆる業務が電子化され効率的に進められている昨今においても、「帳票の作成は今でも手書き」という会社は少なくありません。しかしながら、当然の成り行きとして帳票の作成も、電子化の流れが進んでいます。

手書きで帳票を作成する場合、さまざまな“人為的ミス”が発生します。たとえば、転記の際に誤記をしたり、記入すべき項目が抜けてしまったり、また、筆跡にクセがあって判読しにくいケースも少なくありません。もちろん、帳票類が多ければ、それだけ確認作業に手間と時間がかかります。

帳票の作成業務を電子化して、最初に各帳票のフォーマットを用意しておけば、フォーマットに則って入力していくだけで作成することができます。データのチェックもスムーズにおこなえるようになり、ミスが発覚しても、簡単に修正したり情報を追加することができます。また、会社のサーバーやクラウド上にフォーマットをアップしておけば、テレワークなどで出社できない場合でも、場所を選ばずに作成することが可能です。

勤怠管理を電子化する

勤怠管理とは、従業員の勤務状況を正確に把握して、法令遵守しているかをチェックする業務です。厚生労働省のガイドラインには「使用者は、労働時間を適正に把握するため、従業員の労働日ごとの始業・終業時刻を確認し、これを記録すること」とあります。これまでの勤怠管理は、タイムカードや手書きで自己申告することが一般的でしたが、これらの方法は問題も多く、毎月の集計は手間がかかる作業でした。

タイムカードや手書きの主な課題

●雇用形態の違い　●勤務形態の違い　●タイムカードの打刻忘れ
●働き方の多様化

加えて、「働き方改革関連法案」の可決により、残業時間の管理を正確におこなうことが義務化されました。タイムカードによる管理では月末にしか勤務状況を把握しきれないため、中小企業も勤怠管理の電子化を検討する企業が増えています。

勤怠管理を電子化すれば、効率的に管理できるばかりでなく、自動集計された勤怠情報と給与計算システムを連携させれば、集計ミスを防ぐこともできます。

電子化でガバナンスを強化する

セキュアな環境を公平に保つ

業務を電子化することの利点として、業務フローを「可視化」することによって、「誰が」「いつ」「なにを」したかがひと目で確認できることが挙げられます。

また、権限者が承認をおこなう際に、電子署名やタイムスタンプを併用することで、「改ざん・なりすまし」のリスクを減らし、文書の真正性も担保され、内部統制が大幅に向上することは間違いありません。

一般的に、内部統制は「経営層は対象ではない」と考えられがちですが、業務の中に電子署名やタイムスタンプが組み込まれると、経営層であっても「例外なく」決裁されることになり、セキュアな環境を公平に保つことができます。もちろんこれは、内部監査や会計監査の効率化にもつながります。

IT ガバナンスの重要性

業務の電子化は、内部統制や危機管理体制を強化します。しかしながら実際には、業務の電子化を経営課題の大きな柱としながらも、その運用はシステム部門に任せきりになっていて、電子化の利点を上手く活用できている企業は多くありません。電子化を推進する部門では、専門性が求められるため、それを管理者がすべて理解してコントロールすることが困難です。こうした事情から、組織の戦略と、システム部門のあり方に齟齬(そご)が生じるといったケースは少なくありません。

このようなことから現在は、「IT ガバナンス」が重視されるようになっています。企業ビジョンや組織の戦略を達成するために、IT が効果的に使われているか否かを正しく検証・評価するだけでなく、電子化に対する投資が、重要な要素であると周知された一方、肝心な投資対効果がわかりにくく、電子化に対する投資の評価の整合性が必要になっていることからも、IT ガバナンスの重要性が大きくなっています。

電子署名・タイムスタンプとは

電子署名は、「誰が」「いつ」「なにを」のうち「誰が」と「なにを」を証明します。ただし、「いつ」は証明できません。なぜなら、パソコンを用いる電子署名は、設定を変更することで簡単に日時を変えられるメリットがあるからです。

タイムスタンプでは、「いつ」と「なにを」の2つを証明します。電子署名・タイムスタンプはそれぞれが持たない要素を補完することで、電子文書の完全性を高めています。

→詳しくは第二章

ワークフローを電子化する

ワークフローとは

ワークフローとは、ビジネスを進める上で必要な手続きの流れのこと、あるいは、その流れが一目瞭然となるよう可視化（図式等）したものを指し、ビジネスシーンで一般的に使われてきた言葉です。

ワークフローは“手続きの共有＝効率化”といった点では、効果があると考えられます。ただ、役割分担が明確化された少人数の職場であれば問題ありませんが、複数の部署や外部企業のスタッフなど、多くの人が関わるプロジェクトでは、流れが複雑になって混乱を招くことが考えられます。

したがって、同じ企業内でも、部署によって取り組む業務、その規模によってワークフローの在り方は異なります。さらには外部企業との連携の有無なども考慮して、それぞれに使い勝手の良いワークフローであることが大前提となります。

ワークフローのスムーズな流れを阻害する要因

これまでは、なにかを申請しようとする時、そこには必ず紙文書が介在していて、それがワークフローのスムーズな流れを阻害していました。中でも顕著な要因が、それぞれに異なる業務と紐づいた紙の書類の多さです。

しかも、申請する内容ごとに書類の形式が異なるため、書類を作成するのに手間や時間がかかり、作成した書類にミスがあれば、承認以前に受理されません。

また多くの場合、申請書類は1部しか作成しないため、決裁者の留守や確認漏れなどで、承認がストップする場合もあり、業務に悪影響を与えるケースもありました。

業種に特化したワークフロー

ワークフローは業種によっても目的が異なります。たとえば、製造業に特化したワークフローの場合、不良品に対する「調査・解析・是正処置」などを一元管理する「検査票システムソリューション」があります。これは、製品不良や障害が発生した場合、関係部門への対策指示を電子回覧し、迅速かつ確実に進捗管理することを可能にします。さらに、過去のノウハウの蓄積と情報共有できるので、現場全体の品質向上に貢献します。

ワークフローシステムの導入

ワークフローシステムとは、いわゆる「流れの電子化」ということで、これまで人手でおこなってきた諸々の作業（申請書の書式作成・申請・申請後の進捗確認・承認）などをシステムによって自動化したものです。これにより、従業員が迷うことなく正確に申請・承認などをおこなうことができるようになり、スムーズに業務をおこなえるようになります。

ワークフローシステムを導入するメリット

ワークフローシステム導入のメリットは、一般的に、申請や確認の手間を削減したり、決裁までの遅延防止、検索性の向上、文書閲覧のセキュリティ強化のほか、職場のペーパーレス化などが挙げられます。

ただそれらは、一般的な企業における総体的な評価であって、前述した「製造現場のワークフロー」のように、業態が違えば、その業態ならではのメリットがあり、また、同じ会社内でも業務の特性や、部門ごとによって異なるワークフローが求められます。

各部門の導入メリット

●経営部門

申請者・承認者・決裁者が常に業務の流れを共有（監視）し合えることから、決裁の遅延削減が期待できる。これに伴い、監査時に必要な証跡管理も容易になる。

●営業部門

出張先や移動中などでも申請業務がおこなうことができる。また、見積承認などについても同様で、承認までスピードがアップして営業活動に専念することができる。

●管理部門

全社共通の書式で申請・報告業務が可能なため、部門ごとで文書管理をおこなう場合も、共通フォームをベースに作成することで、全社統一書式での運用が可能。また、帳票の書式管理と処理後の文書管理の負担を軽減する。

社外取引の電子化のポイント

電子契約の導入

電子契約は、これまで紙の書面によっておこなわれていた契約を、インターネット上で交換して、双方の合意のもと、電子署名で契約を締結。企業のサーバーやクラウドストレージなどに電子データを保管しておく契約方式をいいます。

この背景には、電子署名法や電子帳簿保存法などの電子契約に関する法的環境の整備があります。法の整備に伴って、電子署名やクラウドストレージの技術革新が進み、それまでの日本の商取引においては「当たり前」だった「紙と印鑑」による契約のみならず、電子契約による契約方式が普及し始めました。

電子契約の普及率

一般財団法人日本情報経済社会推進協会の2020年の調査によると、社外取引において、電子契約サービスを利用している企業は43.3%、今後の利用を検討している企業は27.5%と、7割以上の企業が電子契約を「採用している」あるいは「検討する」など、認知と普及が進んでいます。

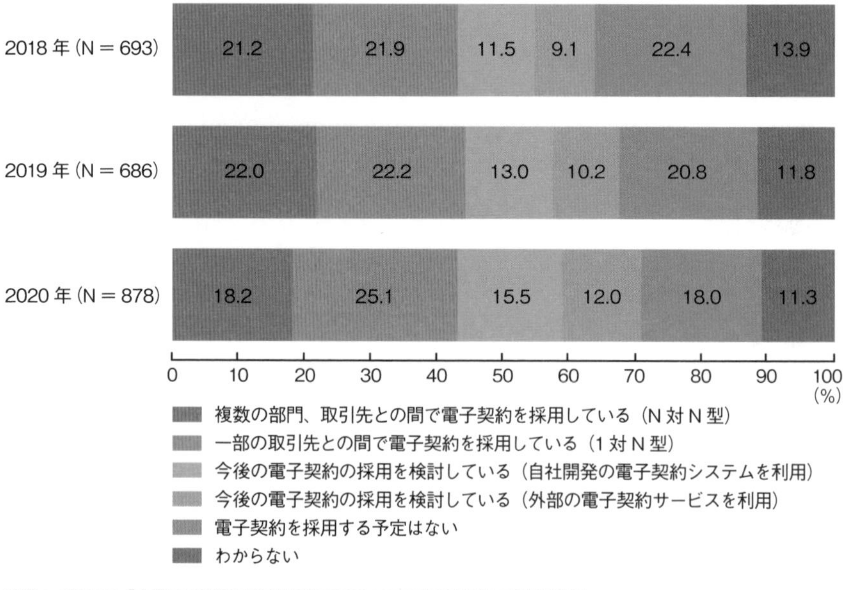

出典：JIPDEC「企業IT利活用動向調査2020」P27 電子契約の利用状況
https://www.jipdec.or.jp/library/itreport/2020itreport_spring.html

契約書を電子化するメリット

コストの削減

電子契約に変えると、紙文書の契約時に発生するほとんどのコストを抑えることができます。紙文書の契約時に発生する必要経費は以下の通りです。

・用紙代　・インク代　・製本テープ代　・印紙代　・切手代　・封筒代　・人件費
・保管料など

これらのうち「人件費」と「保管料」以外のコストは発生しません。人件費についても、業務フローが簡素化され時間が短縮できるため大幅の削減が期待できます。さらに保管料についても、クラウド上にデータをアップロードすれば、書庫や倉庫のリース費用がなくなります。

業務の効率化

契約書は税法上７年間保管の義務があります。多くの企業で課題となるのが、その保管スペースの確保についてです。過去の契約書が必要になっても、書庫の段ボール箱を開けて探すなど、無駄な時間と労力がかかります。

電子契約の場合、契約書はすべて電子ファイルとして保管・管理されるため、保管スペースを設ける必要がありません。また、過去の契約書を探す場合も、パソコン上で検索条件を指定するだけで容易に閲覧することができます。

業務をテレワーク化する企業が増えましたが、契約書を電子化すれば、場所を選ばず契約業務がおこなえるため、飛躍的に業務が効率化します。

コンプライアンスの強化

紙文書の契約書管理は、セキュリティリスクが高く、コンプライアンスの実現が困難です。倉庫やキャビネットに、常に厳格に管理・保管することは難しく、文書の未返却や紛失は、ほとんどこうした管理状況から発生します。

契約書を電子化して保管すれば、改ざんや紛失のリスクが少なく、万が一データが紛失しても復元することが可能です。さらに、「いま・誰が・どのように」契約を進めているか契約の進捗確認もおこないやすくなり、コンプライアンス強化が可能になります。

いまや電子契約は世界基準

新型コロナウイルス感染症拡大は、国際的な商取引にも深刻な影響を与えています。いつ出入国の規制がおこなわれるかわからないコロナ禍にあって、ビジネスといえども簡単に世界を行き来できなくなったことから、商談そのものをリモート対応に切り替えて、契約の形式も電子化してゆくことは、グローバルビジネスのニューノーマルになったといえるでしょう。

電子契約がこれからの世界基準となるならば、日本においても、今後は加速度的に普及してゆくことが考えられます。企業は、それを見越して一刻も早い対応が求められています。ここでは、グローバルビジネスにおける電子契約のメリットを、「データ管理」と「コストと時間」の2つの視点から考えてみたいと思います。

海外拠点の契約データを一元管理

伸び盛りのメーカーなどで海外拠点が増えてくると、それぞれの拠点の現地担当者の管理下に置かれた契約書の一覧化が難しくなり、本社バックオフィスの業務効率が著しく低下します。

しかし、契約書が電子データとして一元管理されていれば、すべての拠点の、すべての契約内容を電子データで閲覧できるため、バックオフィスの業務を大幅に効率化することができます。また、電子ログを残すことによって、体系的にデータを管理・共有できる体制がつくれることも電子化のメリットです。

コスト削減とタイムラグ解消

紙の契約書の場合は、国際郵便を使ったやり取りが主軸となります。国際郵便は普通郵便よりもコスト高になるのはもちろんのこと、書類の往復に時間的なロスが発生します。グローバルビジネスの商取引における最大のネックはまさにここです。

当然ながら、送り先の国や地域によって配達期間は変わりますが、日本郵政の「お届け日数表」では、「国際スピード郵便（EMS)」を利用しても、平均して5日〜7ほどの期間が目安となる国が多いようです。

こうした国際郵便事情に加えて、コロナ禍による出入国規制のように一時的でも入国制限が生じるような事態が発生すると、契約締結までのタイムラグはより一層大きなものとなります。電子契約を導入すれば、契約手続きはすべてオンライン上で完結でき、送料などのコストや、受け渡しまでの時間的ロスを大幅に削減することが期待できます。

コラム

電子化文書と電子文書

文書を「電子化」する方法は、「電子化文書」と「電子文書」の2通りがあります。多くの場合、混在して使われていますが、実際には全く異なる文書です。ここでは、電子化文書と電子文書の違いについて、わかりやすく説明します。

電子化文書とは

電子化文書とは、紙の文書として作成された書類を、スキャナーやデジタルカメラなどを用いて電子データとして保存したものを指します。国税関係書類（契約書や請求書）をスキャナー保存する際には、保存要件が細かく決められていて、実用するためには税務署への申請が必要になります。

スキャナーなどで紙を電子データにしたものが「電子化文書」

電子文書とは

電子文書とは、Word や Excel で作成した文書ファイルのほか、CAD、会計ソフトなどソフトウェアで作成し保存された文書ファイルのことを指します。

2005 年に施行された「e- 文書法」によって、紙での保存が義務化されていた国税関係書類についても、データ保存することが可能となりました。ただし、国税関係書類の電子保存は、改ざん防止や検索要件を満たす必要があるため、これに対応した専用ソフトウェアで作成して保存する必要があります。

PDF や Word、Excel、PowerPoint、また、CAD、会計ソフトなどのソフトウェアで作成、保存されたファイルが「電子文書」

コラム

電子化文書と電子文書の違い

データ化の方法	スキャナー保存 （電子化文書）	電子取引 （電子文書）
	↓ 電帳法４条	↓ 電帳法 10 条
保存対象	国税関係書類に 該当する すべての取引情報	国税関係書類に 該当する すべての取引情報
保存要件	タイムスタンプ および 適正事務処理規定の 整備	タイムスタンプの 付与 または 適正事務処理規定の 整備
税務署承認	所轄税務署の 承認	不要

第二章

電子印鑑を知る

●本章の法的知見に関する内容は、弁護士・河﨑健一郎、同・稲村宥人（早稲田リーガルコモンズ法律事務所）両氏に監修をいただきました。

2.1 言葉の違いを理解しよう

電子印鑑とは

パソコンやスマホで押印できる

電子印鑑とは、PDF ファイルなどの電子文書に、パソコンやスマートフォンなどから押印することができる印鑑データのことです。電子印鑑には２タイプあり、１つは単純に印影を画像データに変換したもの、もう１つは、「使用者が誰か」「いつ押したのか」などの識別情報も含めてデータ化されたものです。

仕事をする上では押印するシーンはとても多く、そのたびにファイルをプリントアウトしてから押印し、さらには、その紙をスキャニングして PDF にしてから返送するのは大変な手間となります。電子印鑑を使用することで、これらの作業はすべてパソコンやスマートフォン内で完結するため、業務効率が上がります。

電子印鑑の２タイプ

・単純に印影を画像データに変換したもの

・印影に識別情報なども含めてデータ化されたもの

印影を画像データに変換したものは、見積書や請求書などに背景を透過させて貼り付けます。Word や Excel、Photoshop などのソフトウェアを使えば、自分でも簡単に作成することができます。また、無料で作成できるウェブサービスも登場しています。

ただし、作成した画像はコピーできてしまうので、無断使用されるリスクも伴います。印影データに識別情報が含まれているタイプであれば、より信頼性が高まり、社外文書にも使用しやすいといえるでしょう。

電子印鑑のメリット①押印業務の効率向上

電子印鑑を利用するメリットの１つ目は、押印業務の効率が上がるという点です。紙の書類をプリントアウトする手間や、朱肉を準備する手間、印鑑を押し間違えたときにもう一度プリントアウトし直す手間などが不要となり、業務がスムーズに進行します。

また、電子印鑑であれば外出先からでも承認がおこなえるため、手続きが滞ってしまうといった心配もありません。

働き方改革が進む昨今、業務効率を向上させ、業務に社員が集中できる環境を提供することは、企業にとっての喫緊の課題です。テレワークや在宅勤務の拡大と共に、電子印鑑を活用すれば、無駄な時間をさらに削減し、働く環境を整えることができるでしょう。

電子印鑑のメリット②コストの軽減

メリットの２つ目はコストの軽減です。プリントアウトが不要になるため、機器購入費やメンテ費、用紙代、インク代、といったコストを浮かせることができます。プリントアウトのコストは、普段あまり意識していなくても、１営業日あたりのプリントアウトの枚数×単価×営業日数で改めて計算してみると、かなりの額になるのではないでしょうか。

また、電子印鑑を押印する電子文書は、保管するラックや書棚、保管室などのスペースが不要なので、それらの費用もかかりません。

電子印鑑のデメリット

一方、電子印鑑導入によるデメリットについても確認しておきましょう。まずはセキュリティに考慮する必要があるということです。単純な印影の画像データであれば無料のツールでも作成することができますが、本当にその印鑑の持ち主が押印したのかを証明することができません。文書の改ざんやなりすまし、不正利用が心配されます。企業として電子印鑑を導入するのであれば、印影データに使用者情報を含めることができるセキュリティ対策のしっかりとした電子印鑑サービスを選択しましょう。

セキュリティ対策のしっかりとした仕組みを導入するためには、コストがかかります。導入に伴うコストに比べ、削減できるコストが上回るかどうかは、事前に検討する必要があります。

電子印鑑の注意点

電子印鑑を会社で活用するには、「どのような文書に使用するのか」を適切に判断しましょう。単に印影を画像データ化した印鑑は、重要書類には不向きです。

印影データに使用者などの情報を含む電子印鑑であれば、なりすましは難しくなります。社内文書への利用はもちろん、社外への文書にも利用しやすいといえます。

ただし、契約書の捺印の電子化では、相手がいます。契約書を作成する前に、相手方へ電子印鑑の使用に問題ないかを確認し、同意を得ておく必要があります。相手方が電子印鑑を採用していない企業の場合、これまでと同様に紙書類でのやり取りが求められる可能性があります。意思疎通がうまくできず、対応に時間がかかるといった事態も想定されます。

電子署名とデジタル署名

電子署名は法的に有効

電子署名とは、紙書類における「印鑑」や「サイン」にあたるものです。本人確認をしたり、内容が改ざんされていないかをチェックしたりするために用いられます。

電子署名は、特定の文書に電磁的な署名を施すことで「署名（押印）した本人が確認したこと」と「署名（押印）されて以降文書が改ざんされていないこと」の証明を試みています。

電子署名が証明すること

- 署名した本人が作成したこと（本人性）
- 署名した文書が改ざんされていないこと（完全性・原本性）

デジタル署名は電子署名の一種です。電子署名に「ハッシュ※1関数」、「公開鍵暗号方式」、「公開鍵暗号基盤（PKI）」という高度なセキュリティ技術を組み合わせています。これらのセキュリティ技術は改ざんやなりすましを防止するのに有効です。つまり、デジタル署名は通常の電子署名よりもさらにセキュリティレベルの高い証明となり、本人証明に加えて非改ざん性（完全性）の証明も可能です。

デジタル署名とは

- 電子署名にハッシュ関数や公開鍵暗号方式を用いるもの

電子署名は法的に有効

一般的に、文書の正当性を証明するのに、「直筆のサインや紙への捺印でなければ法的効力を持たないのではないか」と考えがちですが、2001年に施行された「電子署名及び認証業務に関する法律（以下、電子署名法）」により、電子署名は法的に有効になりました。

※1ハッシュ値
元になるデータからハッシュ関数を用いて算出された値のこと。電子文書を暗号化すると膨大な値になるため、ハッシュ値を暗号化するのが一般的である。

電子署名法には、「電子文書において、本人だけがおこなうことができる電子署名は有効だ」と明記されているので、電子文書の本人性と非改ざん性を証明できる電子署名は、法的に有効であるといえます。また、デジタル署名のような高度なセキュリティの仕組みを用いていれば、信頼性を保証できるといえます。
→詳しくは 81 ページ

電子署名とデジタル署名は同じ仕組みを指しているわけではない

電子署名とデジタル署名は、どちらも電子文書の本人性や非改ざん性を証明する仕組みのため、同じものだと誤認識されることが多いですが、実際は異なる仕組みなので区別しておきましょう。

電子署名とデジタル署名

- 電子署名とは、電子文書の本人証明をする仕組みや技術の総称
- デジタル署名は、電子署名の一種で、ハッシュ関数や公開鍵暗号方式を用いセキュリティを強化したもの
- 電子署名は、電子署名法に準拠すれば法的な効果がある。

すべての電子文書にデジタル署名は必要なのか

高度なセキュリティ技術が用いられているデジタル署名は信頼性が高いといえますが、すべての電子文書にデジタル署名を付与する必要はありません。一般的な電子署名とデジタル署名は、電子文書の重要性によって使い分けると良いでしょう。

秘密鍵と公開鍵

公開鍵暗号方式によって公開鍵の信頼性を保証

電子署名には、主に「公開鍵暗号方式」という技術が使われています。この方式は、暗号化や復号（元のデータに復元すること）するときに「公開鍵」「秘密鍵」という対になる鍵を使うことが特徴です。そのため、「秘密鍵」が漏洩しない限り、他人がなりすまして文書に署名をすることはできません。

秘密鍵による署名と公開鍵による検証の流れ

①送信者は自らの「秘密鍵」を使用して文書に署名。

↓

②送信者が秘密鍵によって署名された文書と公開鍵を受信者に送信。

↓

③受信者は公開鍵を使用して秘密鍵の内容を検証。

↓

④検証が成功すれば、秘密鍵の持ち主本人が署名したことを確認できる。

電子署名に不可欠な公開鍵暗号基盤

公開鍵暗号基盤（PKI：Public Key Infrastructure）とは、インターネット上で電子文書を安全にやり取りする「セキュリティの基盤」のことです。前述した公開鍵暗号方式だけでは、公開鍵が本当に送信者のものか証明できません。そこで、公開鍵暗号基盤は「公開鍵が送信者のもので間違いない」という前提について電子証明書を使って保証します。

電子証明書

電子署名には「電子証明書」が必要

電子証明書とは、個人・法人の存在・信頼性・正当性を保証するインターネット上の身分証明書のことです。電子署名が印鑑の役割なら、電子証明書は印鑑証明書と同じ役割を果たします。印鑑証明書は書類に押された印影が本人によるものであることを行政機関が証明しますが、電子証明書も同様に、公開鍵などの情報が本人によるものであることを第三者（認証局）が証明します。

電子証明書はパソコン本体やICカードなどの媒体に格納されており、インターネットを経由した第三者による操作では盗まれることがありません。ただし、当事者本人の負担が大きく、一部で安全性の問題もありましたので、近年では、電子証明書と秘密鍵など高度なセキュリティ対策を施したクラウド（サーバー）で保管し、ブラウザでアクセスして署名をおこなう「リモート署名」が普及してきました。
詳しくは→ 85 ページ

証明書検証の仕組み

電子証明書は認証局（Certification Authority：CA）と呼ばれる第三者機関が発行し、公開鍵暗号基盤により本人証明する仕組みです。

電子証明書の仕組み

①送信者は認証局に電子証明書の利用を申し込む。

↓

②認証局は送信者の本人確認・秘密鍵と公開鍵の対応付けを確認する。

↓

③認証局が送信者の登録した公開鍵の電子証明書を発行する。

↓

④送信者は認証局から電子証明書を受理する。

なお認証局は証明書の発行のほか、有効期限切れの証明書の無効化へも対応します。万が一秘密鍵が盗まれてしまったことに所有者が気付いた場合には、直ちに認証局へ届け出て、証明書の無効化をおこなう必要があります。

タイムスタンプ

電子署名に時刻記録を付加する

タイムスタンプとは、電子署名が付与された時刻を正確に記録するものです。電子署名には「誰が」「なにに」署名したのかを記録する便利な役割がありますが、「いつ」署名したのかを記録する機能は有していません。電子署名に加えてタイムスタンプが付与されていれば「その時刻に電子文書が存在していること」を証明できるようになります。よってタイムスタンプが付与された電子署名は、より信頼性が高いといえます。

また、タイムスタンプの有効期限は10年とされていることから、タイムスタンプが付与されている電子署名であれば、その有効期限も10年間保持することが可能となります。タイムスタンプは信頼できる第三者機関※2が「いつ」署名したかを証明するため、付与されていない電子署名より有効期限が長いのです。

タイムスタンプとは

・タイムスタンプとは、電子文書に電子署名を付与した時間を記録する仕組み。

・タイムスタンプを付与することで、電子署名の有効期限は10年になる。

タイムスタンプが証明すること

・タイムスタンプを付与した時刻に電子文書が存在していること。

・タイムスタンプを付与した時刻以降に電子文書が改ざんされていないこと。

10年以上の長期署名をするには

10年以上にわたって電子署名の効力を維持したい場合は、署名時のタイムスタンプとは別に「アーカイブタイムスタンプ」を付与することで、有効期限を延長することができます。これは長期署名と呼ばれる仕組みです。より長い期間の保管が必要となる場合には、再びアーカイブタイムスタンプを情報全体に対して付与することで、署名の効力を20年、30年…と延長することが可能となります。

※2 信頼できる第三者機関で時刻認証局(TSA)と呼ばれる機関のこと。タイムスタンプは時刻認証局(TSA)によって提供される。

長期署名の仕組み

・電子署名やタイムスタンプ、検証情報などのデータ全体に最新の暗号化技術を用いたアーカイブタイムスタンプを付与することによって、その後10年間、署名当初に署名が有効であったことを証明する仕組み

・再度アーカイブタイムスタンプを付け直すことによって、さらに10年間、署名当初に署名が有効であったことを証明可能

長期署名が証明すること

・電子証明書が正当な機関から発行されたこと

・署名当初に電子証明書が有効期限内であったこと（署名時刻はタイムスタンプにて検証）

・署名当初に電子証明書が失効していなかったこと（署名時刻はタイムスタンプにて検証）

電子契約

業務効率化やコスト削減が期待できる電子契約

電子契約とは、紙書類と印鑑で成立させていた契約書について、電子書類でおこなう契約のことです。押印の代わりに電子署名または電子サインが付与されます。しかしそれだけでは、改ざんやなりすましのリスクがあるため、契約を締結したのが本人であることを示す電子証明書によって信頼性を担保したり、いつ押印されたのかを記録するタイムスタンプを付けたりします。

電子契約のメリットは、業務の効率化、コスト削減、コンプライアンスの強化などが挙げられます。また、保存もデジタル化されるので、書庫やスペースが不要になります。

一方の課題としては、新しいシステムを導入すると、社内の反対があるかもしれません。また電子契約の締結は契約の相手先の了承がなければ利用することができません。セキュリティ対策が不十分な仕組みでは攻撃されるリスクがあります。そのため電子契約システムの導入にあたっては、セキュリティ対策が整い、導入や操作が簡単におこなえるようなシステムを選択することが望ましいといえます。

電子契約

電子書類でおこなう契約

メリット	課題
業務の効率化	ワークフローの変更
コスト削減	取引先への対応
コンプライアンス強化	社内の了承が必要
改ざん防止	セキュリティ対策が必要
本人性の証明	

電子決裁

ワークフローをスピーディに

電子決裁とは、決裁処理に特化したワークフローを電子化したもので、社内ネットワークや強いセキュリティ対策が施されたクラウドサービスなどを使って、電子文書でおこないます。決裁を完了させるために重要とされる工程の1つに、稟議者や報告書などの社内文書の回覧が挙げられますが、電子決裁システムを利用すると、関係者の捺印をスムーズにおこなうことができるようになります。

電子決裁システムを導入する最大のメリットは、業務のスピードアップです。インターネット環境さえあれば、たとえ外出先でも出張先でも捺印などの承認作業をおこなうことができるので、申請者は承認を待つ時間が短くなり、承認の進捗状況が可視化されることから業務の停滞を防ぐことが可能です。

また、過去の書類も簡単に検索できるようになるため、時間コストの削減にもつながります。テレワークや在宅勤務導入にあたっては、とても重要なシステムといえます。

もう1つ、不正使用の防止も大きなメリットです。電子決裁システムでは、操作ログが残され、「いつ」「誰が」文書を閲覧・編集したのか、「その内容がなにであったか」が参照できます。

一方の課題ですが、導入やランニングコストはもちろんですが、社員が操作方法を覚えなければならないことが最大のデメリットかもしれません。これは、電子決裁システムに限ったことではありませんが、使いやすい仕組みを選択し、不明な点には質問できる体制を構築しておくことが、システムを定着させるために重要です。

電子決裁

決裁処理に特化したワークフローを電子化したもの

メリット	課題
コスト削減 業務のスピードアップ 不正使用の防止	導入コスト 社内の理解と体制づくり

立会人署名型電子署名

既存の署名システムの難点

電子署名は、署名に使用する秘密鍵を“どこ”に保管するかによって、ローカル型電子署名、リモート型電子署名といった区別がなされてきました。一般に、前者は、秘密鍵（秘密鍵が保管されたカード等）を署名者が自ら保管する方式、後者は秘密鍵をオンライン上のサーバーに保管し、ID・パスワード認証により署名する方式であるとされています。

しかし、いずれの方式も署名にあたり事前に署名者専用の秘密鍵を発行しておく必要があり、準備の手間がかかります。このような手間は電子署名の普及を妨げる一因になっていました。

立会人署名型電子署名がスタンダードに

立会人署名型電子署名とは、電子署名サービスの提供事業者が利用者の指示を受けてサービス提供事業者自身の署名鍵による暗号化等を行う電子署名のことを指します。

この方式は利用者自身の電子証明書を使用せず、サービス提供事業者の電子証明書を使用して電子署名をおこないます。そのため、事前に証明書を発行するなどの手間がかからず、極めて手軽に、かつ簡単に電子署名をおこなうことができます。

なお、この方式による電子署名がおこなわれた場合は、署名を指示した利用者の本人性を、サービス提供事業者自身が確認することになります。

事前の準備の手間がかからずに使える電子署名方式の普及により、電子署名は一気に注目があつまるようになりました。

2.2 そもそもハンコってなに？

印鑑・ハンコの呼び名と種類

印章・印影・印鑑の違いとは？

印鑑本体と、朱肉をつけ紙に捺印した印鑑の文字、そのすべてを総称して「印鑑」や「ハンコ」と呼ぶことがあります。ところが、正式には、「印章」「印影」「印鑑」と区別される名前があることをご存知でしょうか？

まず、「印章」ですが、これは“ハンコ本体”のことを呼びます。次に「印影」は、朱肉をつけた印章を紙に押し、紙に残った朱い文字などを指します。宅配便を受け取る際に「ここにハンコを押してください」といわれることがありますが、正確には「ここに印章を押して印影をください」となります。そして、「印鑑」は、印影を実印として登録されたものを指します。

以上のように、本来「印鑑」には異なる意味があるのですが、一般的にハンコ本体＋印影を示すものとして使用されています。本書でも同様の使い方をしていきます。

ハンコの種類

ハンコには、さまざまな種類がありますが、「認印」「銀行印」「実印」の３つが最も広く知られています。

「認印」とは、宅配便の受取りサインなどで使うものです。日常的に使うので、文字が読みやすい印影のものが一般的です。登録や届けを出す必要もないため、100円ショップなどで購入したものや、安価なゴム製のものを認印として使用することができます。認印を実印や銀行印として使うこともできますが、書体に個性も少ないため悪用される危険性が高くなります。また、認印に使われることも多いゴム製のものは、印影が変形してしまう可能性もあります。そのため、金融機関など印鑑の届け出が必要な機関では、登録できない場合もあります。

「銀行印」は、銀行に届け出をしたものです。当然、どんなものでも銀行さえOKを出せば使用できますが、できるだけ、複雑で真似しにくいものを使うと良いでしょう。

「実印」は、居住地の役所に登録し、「自分自身を証明するもの」です。銀行印が銀行だけにおける自身の証明だとするならば、実印は官公庁での手続きや不動産取引や自動車売買などの契約にも使える“身分証明証の代わり”となるものです。こちらもできるだけ、複雑で真似しにくい書体でつくりましょう。

「印鑑の種類」について

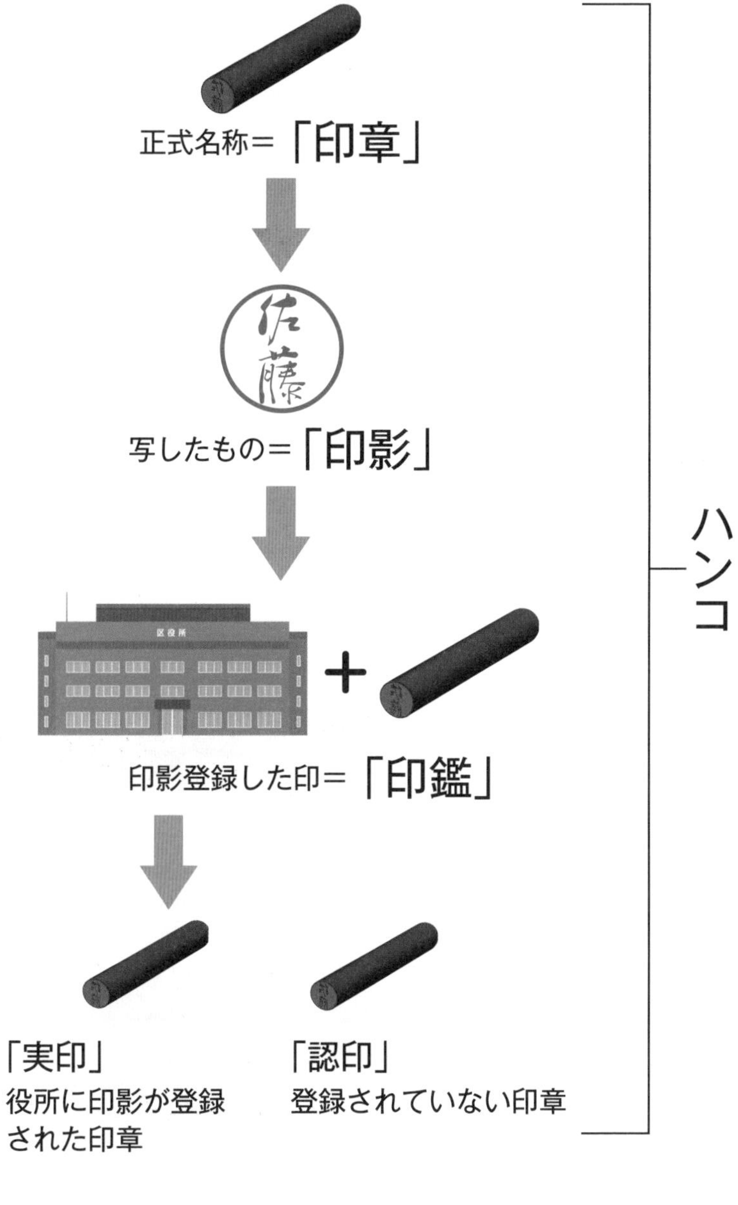
正式名称＝「印章」
佐藤
写したもの＝「印影」
区役所
印影登録した印＝「印鑑」
「実印」
役所に印影が登録
された印章
「認印」
登録されていない印章
ハンコ

ビジネスで使う印鑑

会社で使用する印鑑の種類と用途

ビジネスマンなら、日々の業務をこなす中で多くの書類に触れる機会があるでしょう。そして、印鑑を押すことも多いと思いますが、使用する書類や印鑑の種類によってその役割は異なってきます。ここで、ビジネスで使用する印鑑の種類やそれぞれの持つ役割、そしてその効力はどんなものなのか整理してみましょう。

代表者印（丸印）

「会社の実印」としての役割があり、会社で使用する印鑑の中では、最も大きな効力を持ちます。一般的には直径 18mm の丸印で、印面は会社名を外側の円の中に、役職名を内側の円の中に入れます。なお、以前は法人を設立する際には、必ず印鑑を作成し届出をする義務がありましたが、2021 年 2 月 15 日からこの義務がなくなりました。

代表者印鑑を作成したときは、代表者が会社を代表して重要な契約を締結するときなどに使用されます。

（用途の例）

・株主総会議事録を作成するとき
・代表取締役の変更があったとき
・法人が不動産を売るとき
・不動産を担保に入れるとき
・連帯保証をする契約を結ぶとき
・企業買収するとき

会社印（角印）

会社における「認印」としての役割を持ちます。角印の印面には会社名が記されるため、「社印」とも呼ばれます。代表者印ほどの効力はないものの、会社が発行した正式な書類であることを明確にし、信頼性を高めるという効力を持っています。会社の印鑑証明書の添付が必要でない程度の契約書を作成する時に使用されます。

（用途の例）

・見積書、請求書、領収書、発注書を発行するとき
・通達などの社内文書を発行するとき

銀行印

銀行や金融機関に届出をおこなった印鑑のことです。「会社の意思で資金移動することを認める」という効力があるため、資金流用など悪用されないように厳重な管理が必要です。お金を引き出したり、借りたりといった銀行取引全般で使用されます。

(用途の例)
・銀行で口座を開設するとき
・資金を引き出すとき
・小切手や手形などを振り出すとき

役職印

部長・課長など、役職ごとの認印として用いられる印鑑です。会社名 + 役職名が刻印されており、役職者の意思表示としての効力を持ちます。役職者は各部署の責任者としての権限を持つため、押印の効力は会社全体へと及ぶといえます。

(用途の例)
・社外で契約をするとき
・社内文書を作成するとき
・社内決裁を承認するとき
・稟議書の内容を承認するとき

個人印

社員個人が社内で使用する印鑑のことです。「認印」としての役割が主となり、朱肉を使う印鑑のほかにインクが内蔵された印鑑などが使用されています。個人印に用いられることの多い三文判などは、ほとんどの場合、大量生産されており、同姓であれば印面も同じになってしまうため、実印のような効力はありません。

押し方による意味の違い

割印

割印とは、同一の契約書が同時に２部以上発行されたことを証明する押し方で、いずれかの契約書の改ざんや不正利用を防ぐ役割を持ちます。たとえば、同じ契約書を２社で１部ずつ保管する場合や、原本と写しの関連性を示したい場合、基本契約書と覚書の関連性を示したい場合などに押します。

例）割印を押すケース
・契約書の原本と写しの関係性を示したい場合
・基本契約書とその細則を定めた覚書との関係性を示したい場合
・領収書の原本と控えの関係性を示したい場合

割印は２通以上の契約書をずらして重ね、すべての契約書に印影がかかるように押します。３通になる場合は、少しずつ契約書をずらし、３通すべてに３分の１ずつ印影がかかるように押します。なお、割印は代理人やそのほかの従業員が実施しても良いとされており、必ずしも経営者が自らおこなう必要はありません。また、契約書の署名・押印に使った印鑑と同一である必要もありません。

契約書の場合、一般的には上部に押します。複数枚重なった書類の上に押印するのは難しいので、できるだけ、きれいに印影を残せるようバランスに配慮して押印しましょう。３社以上の契約締結など複数の書類にまたがって押印する場合には、割印専用の縦長の印鑑も販売されています。

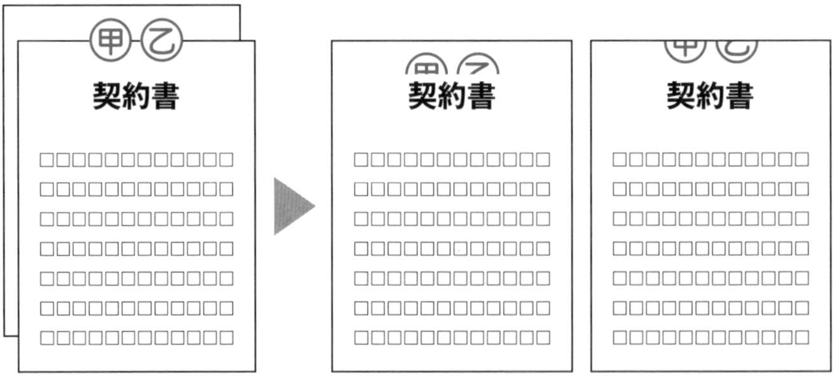

契印（ちぎりいん・けいいん）

契印とは、2ページ以上にわたる契約書面の綴目に押す方法です。両ページのつながりが正当なものであり、両方合わせて1通の契約書であることを証明するために用いられます。後から書面を追加したり、差し替えたりすることを防止する役割があります。

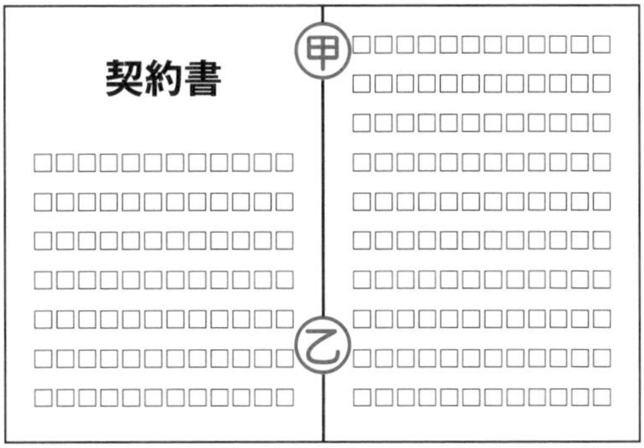

契約書が複数枚になり、背表紙が閉じられて冊子になっている場合には、背表紙の帯と契約書本体の境目に押印します。

訂正印

訂正印とは、契約書の内容の一部を訂正するために押す方法です。訂正印を押すことにより、本人の意思により訂正しており、改ざんによるものではないことを証明します。

訂正したい箇所を二重線で消し、その上もしくは近くに押印します。訂正前の内容も読めるようにしておきましょう。また、削除した文字数を「○文字削除」と、加えた文字数を「○○文字追加」と記載します。

止印（とめいん）

止印とは、契約書の最後に余白が大きく生じた場合に、文章の末尾に押印する方法です。契約の内容がその位置で終了したことを証明する役割があり、勝手に契約が継ぎ足されることを防ぎます。

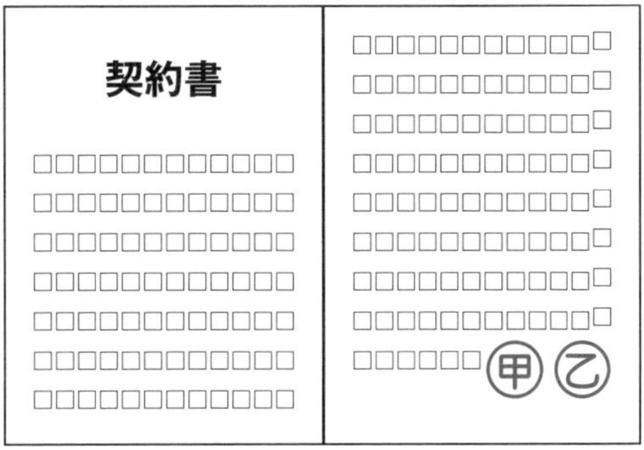

捨印（すていん）

契約書の文章に改訂が必要になった場合には、訂正印を押すのが基本的な流れですが、たとえば、契約相手が遠方の顧客であるなど、場合によってはそのやり取りを速やかにおこなうことが難しいこともあります。将来的に契約書に修正が必要になった場合を想定して、あらかじめ訂正することを認めるために契約書の余白に押しておくのが、捨印と呼ばれる方法です。

消印（けしいん）

消印とは、契約書や領収書に貼り付けられた収入印紙や、郵便物に貼り付けられた切手が使用済みであることを示すために押す方法です。

収入印紙を使う際には、消印が必須となります。課税文書に対しては、収入印紙の貼り付けと消印によって、印紙税を納付したものとみなす仕組みとなっています。

消印の押し方については、使用済みか否かが証明できれば良いため、角印やボールペンなどによる署名、インクが内蔵された印鑑でも問題ありません。印紙と文書にまたがるようにして印を付けます。ただし、鉛筆のように簡単に消せるものによる署名や、ただ線を引いたり丸印を描いたりするだけでは無効となります。

押印に失敗した場合

印影がかすれたり、滲んだりと、押印に失敗してしまうこともあると思います。しかし、割印や契印を押すのは、その書類で改ざんなどの不正を防止することが目的です。そのため、割印や契印が少し見づらかったとしても、ほかの書類と印影が合致し、関連している書類であることが証明できれば問題ありません。

どうしても押印し直したい場合は、失敗した印影の近くに改めて押印します。特に訂正印などを押す必要はありません。

専門家の職務印「職印」

主に２種類

「職印」とはその名の通り職務上用いる印鑑のことで、主に２種類あります。

１つは「士業」で使用される印。もう１つは、企業で使用される役職を示す印です。

◎士業

士業の中でも弁護士、司法書士、行政書士は必ず職印を作成して、登録しなければなりません。印影は「資格名＋〇〇（氏名）之印」のようにフルネームを入れることになっています。名簿に登録する際、職印も一緒に届け出るという規則が定められています。

一方、税理士などそのほかの士業の場合は、必ずしも職印が必要というわけではありませんが、資格所持者が承認した書類だと証明するために職印を作成する人もいるようです。

◎企業内

企業内では、部長や課長などの役職が刻印された印鑑も「職印」と呼ばれます。印影は「会社名＋〇〇（役職名）の印」となっており個人名は入りません。そのため役職者が代わっても替える必要はありません。

職印の正しい押し方

丸印の職印の場合、署名や記名の隣に文字に重ならないように押すのが一般的です。たとえば、横印刷の書類の場合は、名前の右隣が正しい位置とされます。また、四角い職印の場合、押す位置は署名や記名の隣が一般的ですが、丸印とは異なり、文字と重なるように押します。会社名の最後の文字と印影の中心が重なる位置が目安となります。

ちなみに丸印と角印のどちらも使用する場合、丸印は署名や記名の隣に文字と重ならないように押し、角印は文字の中央部に重ねるように押します。

長い歴史が醸成してきた

日本独自のハンコ文化

テレワークの障壁として悪名が高まってしまった
日本の“ハンコ文化”。
諸外国では、誰でも同じ印影をつくることが可能なハンコよりも、
その人固有のサインの方が“信頼度が高い”と認識されており、
実印登録するなどして、
実際に身分証明の効力を持たせている国は、
日本と台湾だけです。
持ち運びや管理に気を遣い、
ときに印鑑証明書なども添付しなければならない
面倒なハンコ文化ですが、
なぜ日本社会に馴染んだのでしょうか？
そこには独自の文化醸成の歴史がありました。

ハンコの誕生

印鑑の起源は今から5000年前のメソポタミア文明までさかのぼります。長い年月をかけてエジプトやギリシヤ、そしてローマへと伝わっていきます。すると印鑑はキリスト教と共にヨーロッパに広まり、その後、シルクロードから中国を経由して日本へ伝わったとされます。

中国の歴史書『三国志』中の「魏書」第30巻烏丸鮮卑東夷伝倭人条（いわゆる『魏志倭人伝』）は、日本史の教科書にも掲載されているので、ご存じの方も多いことでしょう。そこには、「魏国から邪馬台国の女王・卑弥呼に印が送られた」と記されています。

また、後年登場した『日本書紀』の中にも印を利用した記録が残っています。

日本では、奈良時代あたりから独自の文化に発展していきます。自らを表す私印が普及し始め、10世紀ごろからは書き印である花押が使用されるようになります。高いデザイン性が表現され、戦国武将たちも好んで使用しました。織田信長の「天下布武」の花押などが有名です。

印鑑の重要性が高まる

江戸時代後期になると花押の使用は少なくなり、印鑑の使用が増加します。実印を登録させるための印鑑帳が作られるようになり、とくに武士にとって印鑑はとても重要なものとして扱われるようになります。

明治時代になると、役所での印鑑登録の制度ができます。この時代は、国民全体が文字を書けたわけではなかったので、署名できない人は実印で本人証明をすることができました。そして近代化が進み、郵便制度や銀行制度などが確立することによって印鑑を押すシーンが増えたこともあり、日本人の生活に無くてはならないものとなりました。

日本のハンコ文化は、長い歴史があり、近代化政策とともに拡大しました。さて、電子印鑑の普及し始めた現代、どのような文化に発展していくのでしょうか？

コラム

三文判

三文判の「三文」は、「二束三文」という言葉があるように「安い」ことを意味しています。江戸時代になり、印鑑が大量生産されるようになると安価な印鑑が流通し、「三文判」と呼ばれるようになりました。ちなみに、「一文」は現在の価値だと30～35円程度。つまり、三文は約100円程度ということになります。

2.3 印鑑の法的効力

確認・承認の意思表示

印鑑は同意を証明する

日本人にとって、印鑑は身近なものであり、「大事な書類には押すのが当たり前」という“認識”が身についています。しかし実際には、「印鑑を押すことが必要だ」と法律で定めているのは、ごく一部の手続きに過ぎません。また、ハンコを押した契約書がないと契約が成立しないと考えている人も多くいますが、契約書を交わさなくてもメールや口頭でのやり取りで契約は成立します。たとえば、「この仕事をいくらでお願いします」「その製品をいくらで買うので５個用意してください」などと口頭で伝え、相手が承知すれば、互いの意思が一致したことになるので契約成立です。

では、なぜ私たちはハンコを押すのでしょうか？　それは、印鑑を押すことで「私はこれを確認して同意しました」ということを証明して、書類の信頼性を高めることができるからです。また、「本人が作成した書類である」という証明にもなります。

実印と認印の違い

文書が誰によって作成されたか（本人性）を担保する

不動産の売買や重要な契約では、契約書への押印にあたり、実印での押印と印鑑証明書の提出を求められることがあります。では、認印での押印と実印での押印はなにが違うのでしょうか。

実印とは、印鑑登録制度に基づき公的機関（国や市区町村）が印鑑の持ち主と印影を登録し証明することができる印鑑のことをいいます。他方、認印はこのような実印登録がなされていない、そのほかの印鑑を指します。

押印された文書は、当該押印に用いられた印鑑の所有者が自ら文書に押印したという前提に基づき、当該文書全体を押印された印影の印鑑の持ち主が作成したものとみなされます。裁判においては、このような推定過程を「二段の推定※1」と呼び、二段の推定が働く文書が証拠として提出されれば、原則としてその文書は、文書の作成者であるとされている人の意思に基づいて作成されていると認められます。

このとき、押されている印鑑は実印でも認印でも構わないとされており、この点において実印と認印の違いはほとんどありません。

ただし、この推定は「文書に残された印影を持つ印鑑の持ち主が特定人のみである」という事実関係があることが前提となっています。そのため、認印によく用いられる三文判や市販の印鑑だと、「同じ印影を持つ印鑑の持ち主がほかにもいる」ということになり、上記の二段の推定の前提が覆される可能性が生まれてきます。

他方で、印鑑登録がなされた実印であれば、特定の印影を持つ印鑑の持ち主を公共機関が証明してくれます。そのため、印鑑の持ち主が誰であったかという点について争う余地が少なくなり、一段階目の推定の前提である「文書に押印された印影が、本人が保有する印鑑の印影である」という点の推定が容易になります。その結果として認印の場合に比べて、二段の推定が覆される可能性は低くなります。

このような、印鑑と本人の結びつきの強弱をふまえ、実印と認印は使い分けられています。

「実印」と「認印」との違い

それぞれの証明力について

本人性

実印 → 公的機関が証明してくれる

●役所が、印鑑の持ち主を証明してくれる

認印 → 経験則に基づく証明

●特定人が、その文書に押印されている認印の印影を持つ印鑑を普段から使用していたという経験則から、その認印の持ち主がたぶん押印したのであろうという判断

「記名」と「署名」、「押印」と「捺印」

「記名」とは、自署以外の方法で氏名を記載すること。印刷された氏名やゴム印、社印を使って押された名前、代筆された名前などが該当します。「押印」は、もともと「記名押印」の略で、記名箇所や、署名も記名もない箇所に押すことを指します。

「署名」は、直筆のサインのこと。「捺印」については諸説ありますが、もともと「署名捺印」の略で、署名箇所に印鑑を押すことを指すといわれています。

※１二段の推定
文判例上、文書に押印されている印影が、文書の作成名義人の有する印章によって顕出されたものである場合は、反証が無い限り本人の意思に基づいて顕出されたものであること、すなわち本人による押印であるとの事実上の推定がおこなわれています（一段階目の推定）。この推定を前提に、民事訴訟法２２８条４項に基づき、文書全体がその文書の作成名義人の意思により真正に成立していることが推定されます（二段階目の推定）。

実印と認印の法的効力

２つに違いはない!?

実印と認印の持つ法的な効力には違いがあるのでしょうか？　答えは「NO」。実は、実印も認印も法的効力は同等なのです。しかし前述したように、実印は役所に届け出ていて、特定の印影を持つ印鑑の持ち主が誰であるか、役所が証明してくれます。

法的効力について

実は、「実印」も「認印」も法的効力は同等

実印

◉役所等に届けている印鑑

◉印影が印鑑証明と同じなら、本人の意思に基づき文書が作成されたと推定

◉他人に預けたり、他人が押印することは、ほとんどないという信頼

→文書の真正成立に対する反論が困難

認印

◉どこにも届けていない印鑑（三文判など複製用意なものもある）

◉本人が通常使用している印鑑であれば、二段の推定は働く（法的効果は実印と同じ）

◉複製が容易だったり、他人に預けることがあり、「本人が押印していない」という反論が容易

→文書の真正成立に対する反論が容易

そのため、印影が印鑑証明書の印影と同じであれば、印鑑の持ち主が印鑑証明書記載の人物であることを公的機関が証明してくれることになります。

加えて、裁判所は、実印にこのような効果があることは多くの人の共通認識であると考えています。そのため、実印は認印に比べて厳重に管理されていると推定され、他人が印鑑を勝手に押印するということも少ないと考えられています。

このような実印の特徴から、実印が押印された文書の証明力は、認印による文書に比べてはるかに高いと考えられています。

信頼度について

さて、実印と認印の信頼度には差があることはわかりましたが、“習慣”としての信頼度と法的境界線を図にすると、次のようになります。

最も信頼度が高いのは、①「署名（自筆）」および「捺印」してある文書、②「記名」および「捺印」してある文書、③「記名」してある文書の順となり、②と③の間で、民事訴訟法上の取り扱いが異なります。

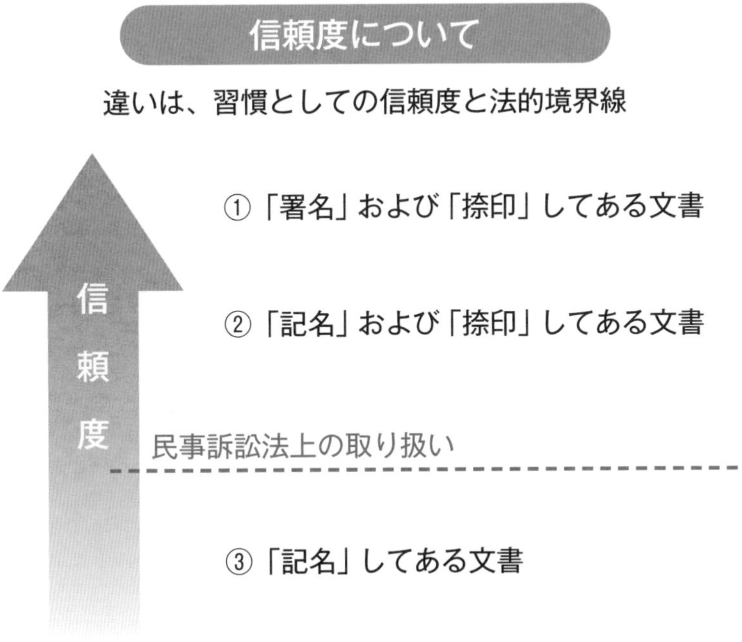
信頼度について
違いは、習慣としての信頼度と法的境界線
信頼度
①「署名」および「捺印」してある文書
②「記名」および「捺印」してある文書
民事訴訟法上の取り扱い
③「記名」してある文書

※署名とは自筆により、記名とはパソコン等により名前を書くことを指す民法での境界線

印鑑の役割

ここまで、印鑑の法的効力や信頼度について説明してきましたが、印鑑が果たす役割について、あらためて考えてみましょう。

印鑑は、「契約した」「内容を承認した」「荷物を受け取った」など、あらゆるシーンで使用されますが、この場合、いずれも確認・承認の意思を示すという効果があります。

また、印影を確認することにより、特定の印影を持つ印鑑の持ち主が押印をしたこと、すなわち「本人性」を証明する効果を持ちます。

さらに、朱肉により押印された文書はカラーコピーをしても、朱肉の凹凸を再現できませんから完全に複製することはできません。そのため、容易に複製することができず、また、パソコンなどで作成し印刷した文書を改ざんすれば形跡が残ります。そのため、印鑑で押印することにより文書の「完全性」や「原本性」も証明することができます。

このように、1つの印影によって、視覚的に多くの証明をする、それが印鑑の役割です。

印鑑の役割って？

「印鑑」が果たす役割＝

本人の意思と書類の完全性を視覚的に表現する

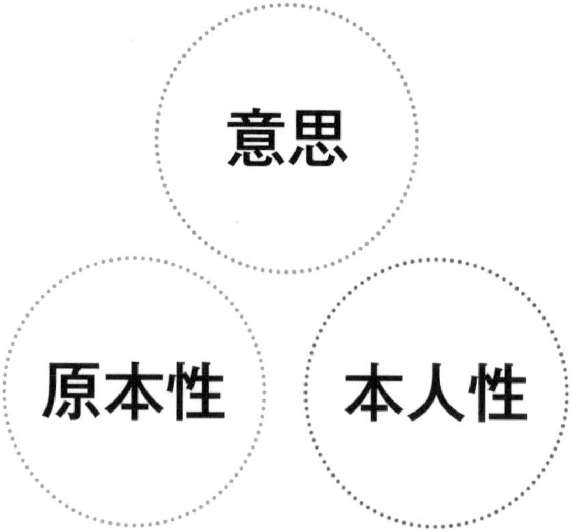

2.4 印鑑から電子印鑑へ

電子印鑑と普通の印鑑の違い

手軽に利用できる電子印鑑だが……

電子印鑑は、パソコンで作成した電子文書に印鑑を押印できるシステムです。紙への押印と同じようにPDFやExcel、Wordなど、パソコンのソフトで作成したデータに直接押印することができます。押印済み文書の作成がパソコン内で完結するため、わざわざプリントアウトして押印する必要がなく、また印鑑の紛失や破損の心配も不要です。

このように、実際の印鑑に比べて手軽に利用できそうな電子印鑑ですが、実際のところ「そもそも電子印鑑ってなに？」「電子印鑑を目にしたことがない」「電子印鑑は普通の印鑑とどう違うの？　効力はあるの？」といった疑問を持つ人も多いのではないでしょうか？

２種類の電子印鑑

54ページで紹介したように、電子印鑑には単なる印影を画像にして貼り付けるタイプのものと、押印者の識別情報が含まれた画像を押印するタイプのものの２種類があります。

このうち前者は、文書作成者の本人性や文書の原本性を担保することはできません。このようなタイプの電子印鑑を、押印が必ずしも必要とはされない文書に使用することは問題ありません。請求書や領収書などへの使用が考えられます。

一方で、識別情報が含まれた画像を押印するタイプの電子印鑑は、一定の要件を満たせば実際の印鑑と同様に使用することができます。

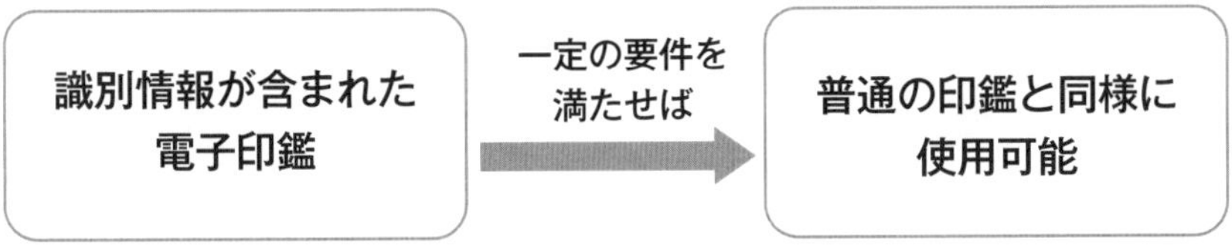
識別情報が含まれた
電子印鑑
一定の要件を
満たせば
普通の印鑑と同様に
使用可能

電子署名法と電子印鑑の効力

電子印鑑を普通の印鑑に近づける
ー電子署名法の成立とその要件ー

電子印鑑を普通の印鑑として利用する場合には、電子署名法（56 ページ）という法律が参考になります。電子署名法は、電子文書に付与される電子署名が、普通の印鑑と同じ効果を持つためには、「どのような要件が必要か」を定めた法律であり、2001 年 4 月 1 日に施行された比較的新しい法律です。

電子署名法は、①文書の真正性を推定することができる電子署名の要件、②電子署名に関する認証業務の導入、③そのほか電子署名の普及に必要な事項、の 3 つの骨子に基づいており 6 章と 47 条文で構成されています。

電子署名法の主な骨子

①電磁的記録の真正な成立の推定。

②電子署名に関する特定認証業務の導入。

③そのほか必要な事項。

言葉が難しいですが、簡単に見ていきましょう。電子印鑑や電子署名を利用しようとする企業や一般利用者が特に理解しておきたいのは、第 2 条第 1 項本文及び各号と第 3 条です。

まず電子署名法は、法律上の電子署名の該当要件として第 2 条第 1 項本文及び各号で以下のように定めています。

第二条　この法律において「電子署名」とは、電磁的記録（電子的方式、磁気的方式その他人の知覚によっては認識することができない方式で作られる記録であって、電子計算機による情報処理の用に供されるものをいう。以下同じ。）に記録することができる情報について行われる措置であって、次の要件のいずれにも該当するものをいう。

一　当該情報が当該措置を行った者の作成に係るものであることを示すためのものであること。

二　当該情報について改変が行われていないかどうかを確認することができるものであること。

ここでは、「電子署名」とは、「電磁的記録に記録することができる情報についておこなわれる措置」としているので、電子署名は電子データに対しておこなわれる「措置」ということになります。

そして、この「措置」は、措置をおこなった人が措置をおこなった電子データの作成者であることを示すもので、（法第２条第１項第１号）、電子データの改変がおこなわれていないことが確認できるものでなければなりません（法第２条第１項第号）。

そのため、このような要件を満たす電子印鑑とは、PDF や Word・Excel ファイル等に対して電子的に“押印”することができるものであり、当該押印に用いられた電子印鑑に PDF や Word・Excel ファイル等の作成者の情報が含まれ、かつ電子的に押印した以後にファイルが改変されていないことを確認できるものを指すと考えられるでしょう。

また、第３条は以下のような定めとなっています。

第三条　電磁的記録であって情報を表すために作成されたもの（公務員が職務上作成したものを除く。）は、当該電磁的記録に記録された情報について本人による電子署名（これを行うために必要な符号及び物件を適正に管理することにより、本人だけが行うことができることとなるものに限る。）が行われているときは、真正に成立したものと推定する。

ここでは、第２条第１項に出てきた「電子署名」のうち、電子署名をおこなうために必要なパスワードやカードなどを適正に管理することにより、本人だけしかできないことがおこななわれている電子データについては、普通の印鑑が押された文書と同じように「真正な成立」をしているということです。すなわち、この第３条の要件を満たした電子署名があれば、普通の印鑑は不要となるのです。

これまでの電子署名と立会人型署名サービス

電子署名法上の要件を満たす電子署名サービスとしては、これまで、当事者型署名（85 ページ）とよばれる「本人に対して発行された秘密鍵」によって署名をおこなう方式が注目されてきました。ところが近年は、サービス提供事業者の秘密鍵で電子データに署名をおこなう立会人型署名（86 ページ）が普及してきました。この立会人型署名は、署名者本人への証明書の発行などの作業がいらず、誰でも気軽にスピーディに電子署名を利用することができます。

立会人型署名サービス（クラウド型署名サービス）も有効に

しかし、ここでふと疑問が湧いてきます。多くのサービスが採用している立会人型署名は、サービス提供事業者の秘密鍵で電子データに署名をおこなっています。このような署名は、「当該措置を行った者が当該措置を行った電子データを作成した者であることを示すためのものであること（法第２条第１項第１号）」という要件や、電子署名に「必要な符号及び物件を適正に管理することにより、本人だけがおこなうことができることとなるものに限る（法第３条）。」という要件を満たしているといえるのでしょうか。

この点については長い間論争がありましたが、総務省・法務省・経済産業省の連名の「電子署名法２条１項に関するＱ＆Ａ」「電子署名法３条に関するQ&A」により、①電子署名が電子データ作成者の意思のみに基づいてサービス提供事業者の意思が介在することなくおこなわれ、かつ、サービス提供事業者が、当該電子データに付随情報を付して署名を指示した利用者の情報を確認することができるようにするなど、電子署名情報全体として、利用者の意思に基づくことが明らかになること、②電子データの作成者とサービス提供事業者との間でおこなわれるプロセス及び、これを受けてサービス提供事業者内部でおこなわれるプロセスのいずれにおいても十分な水準の固有性が満たされていること、という２つの要件を満たした電子署名であれば、電子署名法第３条の効果を得ることができる、すなわち普通の印鑑を完全に代替する電子署名になるという判断が下されました。

立会人型署名サービスでも以下２要件が満たされていればハンコを代替できる

①電子署名が電子データ作成者の意思のみに基づいてサービス提供事業者の意思が介在することなくおこなわれ、かつ、サービス提供事業者が、当該電子データに付随情報を付して署名を指示した利用者の情報を確認することができるようにするなど、電子署名情報全体として、利用者の意思に基づくことが明らかになることとること。

②電子データの作成者とサービス提供事業者との間でおこなわれるプロセス及び、これを受けてサービス提供事業者内部でおこなわれるプロセスのいずれにおいても十分な水準の固有性が満たされていること。（固有性の要件）

企業の懸念は払拭された

個人や企業に対して直接発行する秘密鍵や電子証明書は、発行までに数週間かかるなどのデメリットもあり、迅速な手続きには不向きです。しかし、電子証明書に代わり、たとえば企業間の契約締結の真正性を証明するサービスを提供する第三者の事業者が、契約当事者の指示を受けて電子署名をおこなう「立会人署名型のサービス」を活用すれば、スピーディに手続きを進めることができるようになります。

以前の解釈では電子署名の法的有効性が曖昧であり、紙書類の押印や、個人や企業自身の電子証明書を伴う電子署名でなければ、訴訟が起きた際の証明として弱いのではないかという懸念がありましたが、関係省庁の見解の公表によってそうした懸念は払拭されました。今後は、民間事業者による利用も拡大し、今後さらに市場の成長は加速していくと思います。

電子署名ではなく電子印鑑を！

これまでみてきたように電子署名法上の要件を満たした電子署名は、普通の印鑑の代替品になります。しかし、単なる電子署名のみでは、電子データによる本人性の確認や原本性の確認ができるのみです。また、この確認にはいくらかの技術上の知識も必要とする場合があります。

一方で電子印鑑は、電子署名に加えて、文書そのものに印影を追加します。この印影の追加により文書を見ただけで、文書が真正に成立したことを視覚的に理解することができます。

このように識別情報が含まれた電子印鑑は、電子署名では得られない視覚的な情報を得られ、単なる電子署名よりユーザーの認識のしやすさという点で、優れているといわれています。

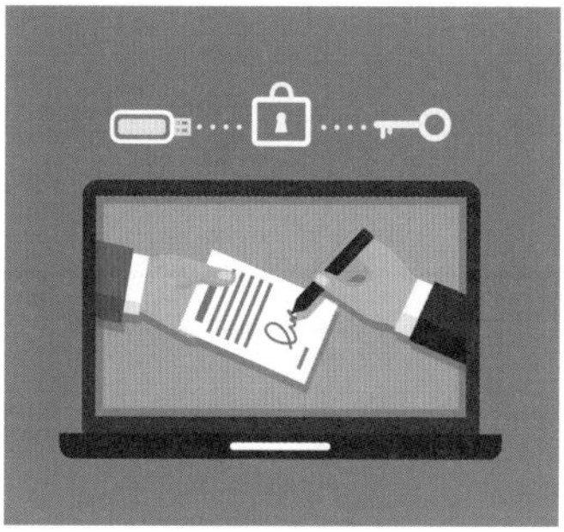

2.5 電子署名と契約

一般的な相対契約（書面での契約方式）

役所が認証機関に

電子印鑑による契約方式についての理解を深めるために、まず書面でおこなう従来の契約をおさらいしてみましょう。

書面で契約書を作成するときは、当事者である甲乙はともに印章店から購入した印鑑を使用します。なお、この印鑑を公的機関に登録しておけば、実印として印鑑証明書を取得することができます。

当事者は、役所から発行された印鑑証明書の印影と契約書に押印された印影を見比べて、契約書の作成者が甲乙本人であることを確認することができます。このように役所が印鑑の持ち主を証明することで、お互いの信頼性は高まります。

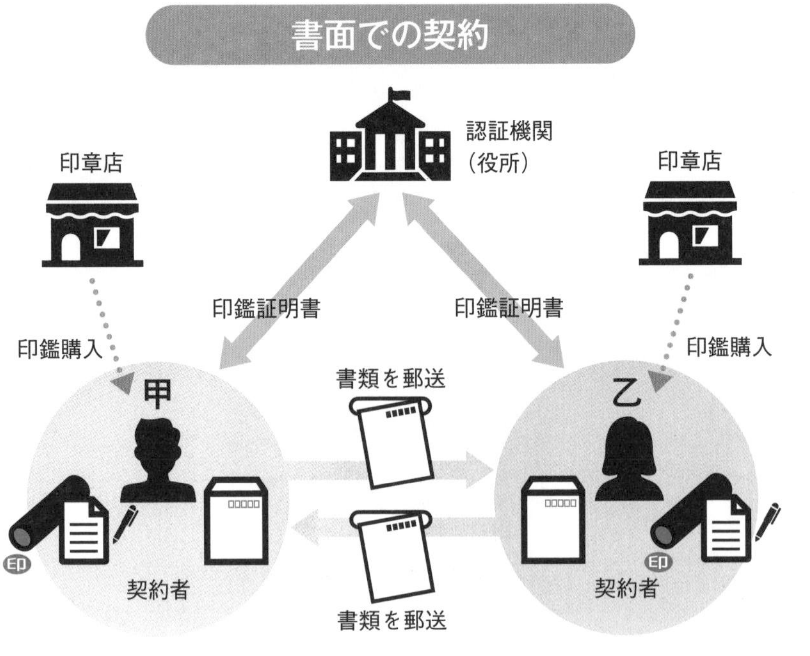

デジタルでの契約方式を確立した「当事者型署名」

本人が保管する必要性がある

第三者である認証局（認証サービスをおこなう団体や企業）が、事前に本人確認をした上で電子証明書を発行します。そして、本人だけが利用できるデジタル環境で署名するのが「当事者型署名」です。

電子証明書は、実印に対する印鑑証明書のようなもので、当事者自らが本人性を証明する書類を提出し、発行してもらいます。厳格な身元確認をおこなった上で発行されるので、信頼性は高いと考えていいでしょう。

メリットの多い当事者型署名ですが、証明書の発行までに当事者が公的身分証を用意したり、認証局がそれを確認する時間が必要になり、発行費用も必要です。

また、電子証明書をICカードなどに格納し、物理的に自身で管理する必要があります。そして、パソコンなどのローカル環境で署名をおこなう必要がありましたが、当事者本人の負担も大きく、また安全性にも問題がありました。

そのため近年では、電子証明書と秘密鍵など高度なセキュリティ対策を施したクラウド（サーバー）で保管し、ブラウザでアクセスして署名をおこなう「リモート署名」が普及してきました。

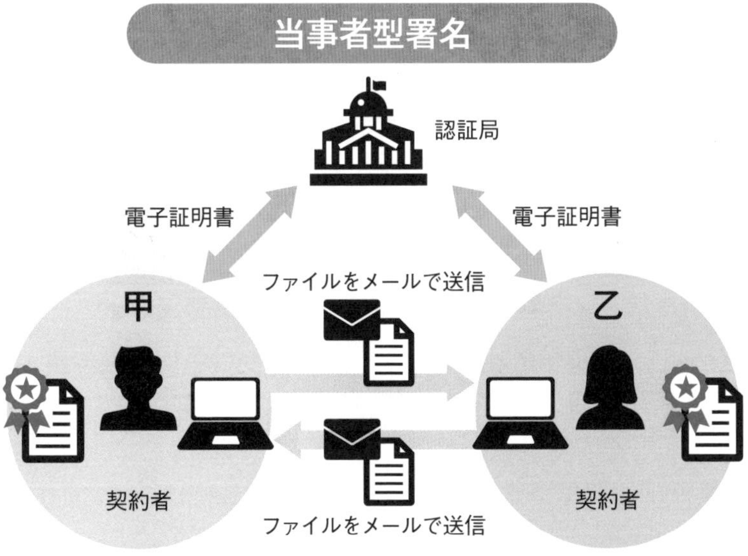

利用者の幅を広げた「立会人型署名」

第三者が署名をおこなう

2015年頃から利用者が拡大してきたのが「立会人型署名」です。PDFなどの電子契約書をインターネット上にアップし、双方が確認して合意することで立ち会ったサービスベンダ（電子署名サービス提供事業者）が契約書の締結を確認して電子署名をおこないます。

当事者署名型とは異なり、証明書発行などの手間が不要で、相手方のメールアドレスさえあれば契約を締結することができることが最大の特長です。利用以前の手間が少なく、コストも発生しないため導入しやすくなりました。

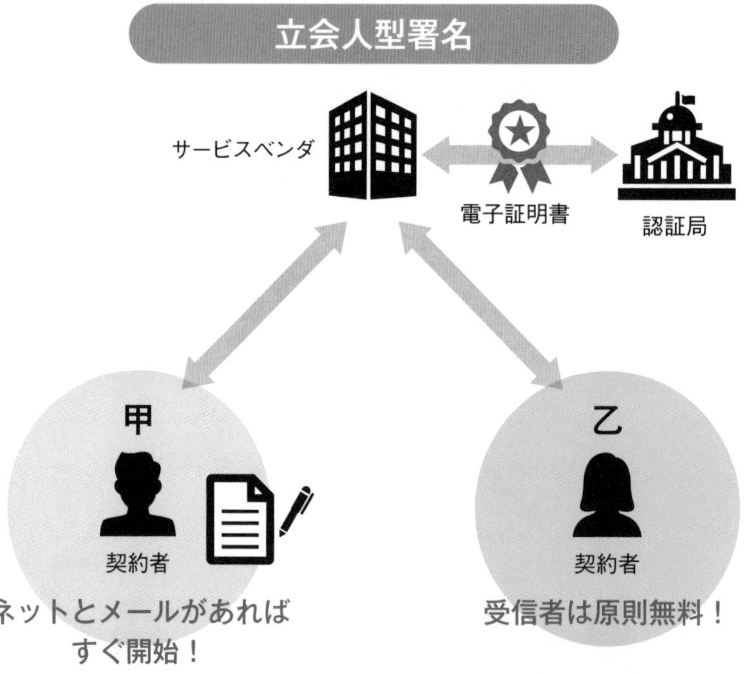

電子契約に必要な技術的要件

改ざんなどを確認できる措置が必要

電子契約をおこなう場合、高度なセキュリティ対策や、データの保存技術などが必要ですが、文書の見読性を維持する、文書の原本性を確保することも重要です。

見読性については、デジタル文書であれば、劣化することはありませんので、問題にはならないでしょう。

他方で、デジタル文書は誰でも改変でき、改変した記録を残さないといったことができるため、原本性の確保については慎重にならざるを得ません。たとえば、署名を施した時点の文書の内容を、誰も改変できないような形で保管し、後になって勝手に修正・削除ができないようにする必要があります。外部からのハッキングなどにより記録内容が改変されることもありますから、外部からのハッキングを防ぐシステムを搭載することも必要になるでしょう。

1. 見読性の確保
2. 原本性の確保

↓

記録された記載内容について、
改変がおこなわれているかいないか、
確認できる措置を講じていること

電子署名の役割ってなに？

電子署名と普通の印鑑の違い

ここまで、電子署名・電子印鑑の法的効力や電子証明書の仕組みなどについて説明してきましたが、電子署名が果たす役割について、あらためて考えてみましょう。

電子署名は、普通の印鑑とほぼ同様の役割を果たします。確認・承認の意思を示したり、同時に、「本人性」を証明したりすることもできます。ただし、本人の意思と書類の完全性を視覚的には表現できていません。

「電子署名」が果たす役割 ≒「印鑑」が果たす役割

ただし、

本人の意思と書類の完全性を

視覚的には表現できていない

署名済み文書

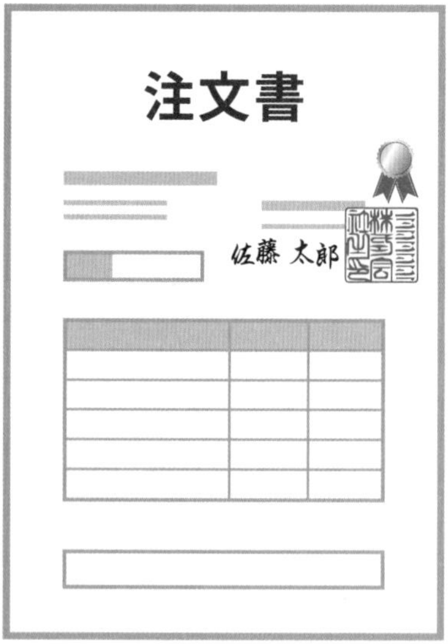

ハンコ付き電子署名文書

電子契約の印紙税

印紙税とは

重要な紙の契約書には、多くの場合、収入印紙を貼っています。しかし、電子契約なら、収入印紙を貼る必要がありません。つまり、"節税できる"ということです。コスト削減を推進するならば、電子契約の導入は欠かせません。

書面契約と電子契約の比較

書面契約	電子契約
・収入印紙を貼付する必要があり、印紙税がかかる。 ・収入印紙を貼付しないと過怠税がかかる。	・収入印紙を貼付する必要がなく、印紙税がかからない。 ・セキュリティを担保できる。

紙の契約書は印紙税を納める必要がある

印紙税は契約書や領収書などを作成した場合に課税される税金ですが、課税対象となる文書（以下、課税文書）には以下のようなものがあります。

課税文書の例

不動産に関する契約書	不動産売買契約書、不動産交換契約書、不動産売渡証書など
消費貸借に関する契約書	金銭借用証書、金銭消費貸借契約書など
運送に関する契約書	運送契約書、貨物運送引受書など
請負に関する契約書	工事請負契約書、工事注文請書、物品加工注文請書、広告契約書、映画俳優専属契約書、請負金額変更契約書など

印紙税が課税されるのは課税文書となる「用紙」だけ

一方で、印紙税法基本通達第 44 条では、課税文書について以下のように記されています。

> 法に規定する課税文書の「作成」とは、単なる課税文書の調製行為をいうのでなく、課税文書となるべき用紙等に課税事項を記載し、これを当該文書の目的に従って行使することをいう。

この条文には、課税文書は「用紙等」に作成した文書であると明記されており、紙書類でない電子文書は課税対象に含まれないと解釈できます。

「用紙等」の「等」という表現が曖昧であり、本当に不要なのかどうか不安を抱かれるかもしれません。しかし電子文書に印紙が不要となる根拠は、国税庁や政府の見解が示されています。

2008 年に国税庁に対し「電子契約は印紙税の課税対象か」という照会があり、国税庁は印紙税法基本通達第 44 条を引用し、以下のように回答しています。

> 注文請書の調製行為を行ったとしても、注文請書の現物の交付がなされない以上、たとえ注文請書を電磁的記録に変換した媒体を電子メールで送信したとしても、ファクシミリ通信により送信したものと同様に、課税文書を作成したことにはならないから、印紙税の課税原因は発生しないものと考える。

この回答から、電子契約書を作成しても課税文書を作成したことにならず、印紙税は発生しないことがわかります。また、2005 年の国会において、当時の小泉純一郎首相は印紙税に関する質問に対し、以下のように回答しています。

> 文書課税である印紙税においては、電磁的記録により作成されたものについて課税されないこととなるのは御指摘のとおりである。

この首相答弁からも電子契約書は印紙税の課税対象ではないことがわかります。

電子契約導入はコスト削減に

電子契約を導入すると、印紙税だけでなく用紙代やインク代など、契約書の印刷にかかっていた経費も削減できるので、コスト削減の効果は大です。特に 1 件あたりの契約金額が大きい企業の場合は、導入の価値ありです。

注意しなければならないのはセキュリティです。改ざんやなりすましを防ぐには、電子署名の導入が不可欠です。電子契約と合わせて電子署名を導入することで、セキュリティが強化されるでしょう。

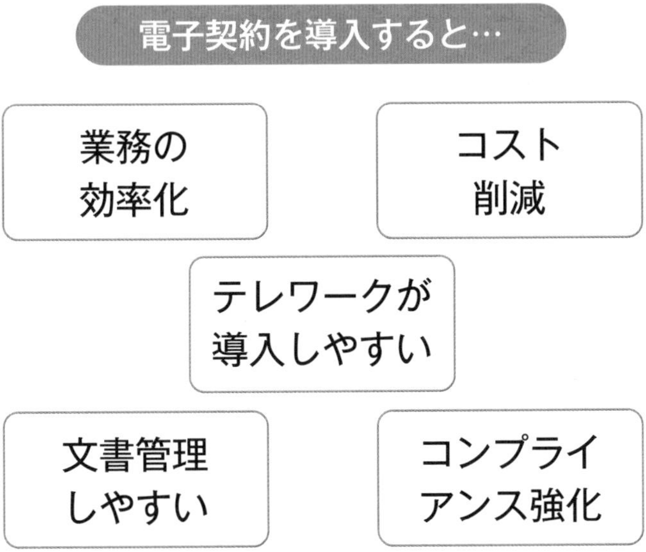
電子契約を導入すると…
業務の効率化
コスト削減
テレワークが導入しやすい
文書管理しやすい
コンプライアンス強化

電子化できない契約書もある

契約は、原則的に当事者間の合意があれば、署名・押印がない文書でも成立します。しかし、例外として、定期借地契約や定期建物賃貸借契約など、紙の書面作成が義務付けられているものもあります。一部には電子契約ができない契約があることも知っておきましょう。

2.6 企業に求められること

電子化やDX 推進に向けて

「環境対策」から「業務改善」へ

かつて、紙の電子化の目的は、森林保護など環境対策を目的とする「ペーパーレス」や「リサイクル」でした。そして、2000 年頃からインターネット環境が整い、インフラが整備されると、今度は「紙だからこそ起こる業務の停滞」を解消する手段としてIT を活用する考え方が広まってきます。そのような一連の動きを受け、電子化の法整備は進んでいきました。

さまざまな文書を電子化する法整備

1998 年 7 月施行	電子帳簿保存法
2001 年 4 月施行	電子署名法
2001 年 4 月施行	IT 書面一括法
2005 年 4 月施行	e 文書法

企業内システムの現状

企業が電子文書の導入や DX 推進を図るには、次のような現実的な課題があります。

「印鑑の使用をやめてすべて電子印鑑に切り替えたいが、なかなか進まない」

「システム化を推進しているが、すべてがワークフローには乗せられない」

「電子書類と紙書類、どちらも使っていて二重管理が必要になっている」

多くの企業は何らかの業務をワークフローシステムで運用しています。しかし、それらは、バラバラに導入されたケースが多く、インターフェイス（画面回り）も違えば、ルール上、パスワード等も違うという状況に陥っています。さらに、システムの棚卸しをするとワークフローに乗せるまでもない（または乗せられない）文書がとても多いことにも気付きます。

つまり、紙書類では融通が利いていた運用が、デジタル化されるとスムーズに運用できなくなる可能性が高いために、新システムの導入を諦めるという事態に陥っているのです。

「捺印＝承認文書」の概念

新しい企業では、起業したときから印鑑を使わないケースも多いようです。また、企業によっては、ルールの定着も早く、比較的容易に印鑑を廃止できると聞きます。

しかし、社外とのやり取りでは事情が変わります。日本のビジネス社会では、いまだ印鑑が一般的で､印鑑がない請求書は社会的に受け入れられない実情があります｡「捺印＝承認文書」の概念は、日本に深く定着しているのです。

企業が電子文書の導入やDX化を成功させるポイント

電子文書の導入やDX推進は、トップダウンで推進することです。多くの人は変化を嫌います。それまでおこなっていた業務を「明日から改革する！」といわれたら不安になります。「仕事を奪われる」と思う人もいるかもしれません。

そこで、しっかりと意志を持った経営者・役員が、すべての責任において方向性を変えることを宣言しましょう。その意志が社員に伝われば、運用への不安感は軽減されるはずです。

業務を妨げないよう、できるだけシンプルな仕組みにする

新しいシステムの導入段階では、社員一人ひとりがルールを学び、パソコン画面のレイアウトに慣れ、それを上手く使いこなすための方法を探索する、といった工程が必要になります。しかし社員は、そのような工程を踏む間にも、自分の仕事を進めたいはずです。ですから､システムはできるだけシンプルであることが大事です。または、できるだけ機能が現状のシステムと共通化していること。これらに注意を払ってください。

目標を共有し、ともに達成感を味わう

やっと進めた取り組みも、「成果が出ず」では気持ちも晴れません。大変な思いをして変化に対応したのであれば、それなりに見える成果を共有したいものです。そこで、管理者は最初に目標設定をしておきましょう。ロードマップを掲げ、「いつまでにどうなる」というゴールを目指してともに前に進むのです。明確なゴールがみえていれば、不安や懸念は小さくなり、社員一丸となって新システム導入に取り組めるのではないでしょうか。

新システム導入に必要なステップ

スムーズに導入するには

前述した通り、新システムの導入には、多くの課題があります。それらを1つずつクリアしながら、できるだけ速やかに進めなければなりません。ここで、新システム導入の具体的な進め方について考えてみましょう。

Step 1

文書管理状況、ワークフローを現状把握

契約書などの文書の管理状況を調査します。内容によっては、管理している部門が異なったり、過去の書類を取り出すのに難儀しているなど、非効率な状況になっているかもしれません。適切なシステムを導入するためにも、ワークフローの見直しをおこなうためにも、現状把握は、とても重要な作業です。

Step 2

電子化する文書を決定

次に、電子化する文書の範囲を決定します。契約書の場合は、取引先からの同意を得られたものから徐々に電子化します。また、各種申請書や稟議書などは、社員が扱いやすいシンプルな内容・デザインを用意します。

Step 3

自社に合ったサービスをチョイス

自社の実情に合ったサービスを選びますが、業務を効率化するために適切なサービスを選ばなければなりません。各部門の意見を集約し、ワークフローが滞らないかを十分に議論し、業務改善に見合った導入・ランニングコストなのかを検討します。

Step 4

ルールの整備と社員への周知徹底

新システムについての社内ルールを整えます。たとえば、電子契約をおこなう契約書の意思決定までのフロー、各種の申請書や稟議書の承認フローなどを明確にしておくことが大切です。

また、社員への説明会を開催したり、配布するマニュアルを用意します。さらに、問い合わせに対応する窓口（担当者）を置くことも検討してください。

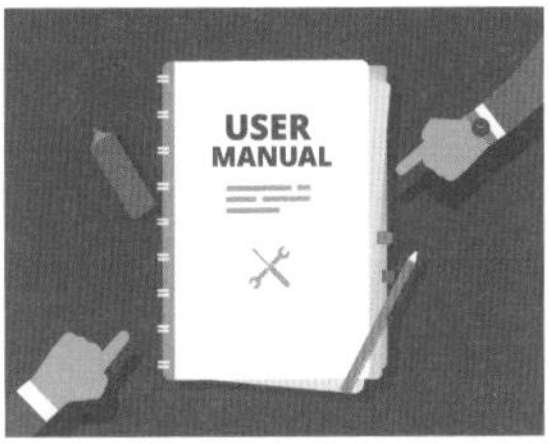

Step 5

社外への周知

導入日が決定したら、社内のみならず、関連する取引先にも連絡します。取引先には、導入する理由やメリットを説明し、協力を得なければなりません。

コラム

美徳か悪習か。
忖度文化が生んだ日本独自のビジネスマナー
「お辞儀印」

社長	部長	課長	係長	担当

ビジネスマナーといえば、世界各国にローカルルールが存在し、現地での仕事をスムーズに進めるうえでは押さえておきたいポイントの1つです。

たとえば、インドやアラブ諸国の一部文化圏では左手は不浄とされ、握手や名刺交換の際、左手を使うのはご法度。また、日本でディナーの接待といえば、相手からOKを勝ち取るための最終仕上げ的な場面が多いでしょう。しかし、欧米で取引相手をディナーに誘い出せたとしても、直截な商談はタブーです。一方、中国でも夜の宴席は日本と同様に重要ですが、勧められたお酒を断るのはタブー、さらに一気飲みが正しいマナーとされています。

けれども、日本ほど細かなビジネス面でのローカルルールが存在している国は少ないのではないでしょうか。社外向けのものはもちろんのこと、社内においても実にさまざまな約束事が存在しています。宴席の席次、エレベーターやタクシーに乗車するときの位置はどこの企業でも教わることがあることでしょう。中には、役員が入室する際は起立して迎えるとか、来客時はもちろん、上司と別れる際もその姿が見えなくなるまでお辞儀を続ける、といった暗黙のルールが存在する会社もあるようです。まさに日本社会に根付く「忖度」ベースのローカルルール。このような一見不合理に見えるルールも、組織人として生き抜くためには案外重要なのかもしれません。

そして、海外では決してみられることが無い日本独自のビジネスマナーの極め付きが、「お辞儀印」ではないでしょうか。稟議書や申請書などの社内文書には、多くの場合、部長・課長・係長といった各階層の押印欄があります。その最も位の高い人の押印欄に向けて、ほかの階層の人たちが、少し印を傾けて押印するのがいわゆるお辞儀印です。頭を下げ、申請しますので、どうか受理してください、といった意味合いの表れなのです。社外の取引先に向けた請求書や納品書などにもお辞儀印をする方がいます。対面して挨拶できない分、ハンコで気持ちを伝えようという、忖度文化の典型ともいえる風習。

日本同様にハンコ文化が残る台湾のビジネスパーソンも「そんなことは台湾では聞いたことが無い。日本人にしか思いつかない美徳では」と語ります。一方、米国企業の日本法人に勤務する方は、「納品書などをいただく際、なぜいつも傾いた判が押されているのだろうと疑問に思っていました。まっすぐ押してないので、雑だなとも。お辞儀印の存在は知りませんでした。理解はできますが、少々あきれてしまします」といいます。

とはいえ、世は電子印鑑が当たり前の時代。あなたは電子印鑑でも忖度しますか？

第三章

ワークフローの電子化

3.1 ビジネスの変革を支えるリモートツール

「状態」を共有できる時代に

仕事のやり方を変えれば決められた空間はいらない

これまでは、オフィスでメンバーたちと「空間」を共有することで、業務の進捗状況や互いの労働時間などを把握することができ、“さまざまな「状態」を共有する”ことが当たり前でした。ある意味、空間さえ共有できていれば、ほぼ問題なくこれらが可能だったからこそ、テレワークという働き方についてそれほど真剣に向き合うことがなかったのかもしれません。

しかし、新型コロナウイルス感染症の拡大により、空間の共有は可能な限り避けるべきだ、という考え方が広まりました。それと同時に、人々はさまざまなリモートツールを駆使し、仕事のやり方を変えれば、“空間を共有せずとも「状態」を共有できる”ということが浸透してきました。

リモートツールが従来の仕事のやり方を大きく変える

では、状態を共有するためのリモートツールにはどのようなものがあるのか、ここからはその数あるリモートツールの中でも代表的なものをいくつかご紹介しましょう。

まず、本書で詳しくご紹介する電子印鑑や電子決裁システムがあげられますが、主なリモートツールには、次のものがあります。

・勤怠管理・スケジュール共有ツール
・プロジェクト管理ツール
・ファイル共有ツール
・ビジネスコミュニケーションツール
・オンライン会議ツール

これらには、手軽に導入ができる外部サービスを利用したクラウド型のツールと、機能を自社仕様にカスタマイズでき、セキュリティレベルも高いとされるオンプレミス型のツールがあります。オンプレミス型のツールは基本的に社内ネットワークなどで使用するため、インターネットを経由しなければならないテレワークでは、使用しづらい面があります。そのため、現在では、クラウド型のツールが使用されているケースが増えています。それでは、ここからは上記の代表的なリモートツールの概要についてご説明していきましょう。

勤怠管理・スケジュール共有ツール

有給休暇届なども電子化の流れに

これまではタイムカードや出勤簿など、紙ベースの記録が元となっていた勤怠管理についても、「仕事をする＝出社する」が当たり前ではなくなりつつある今、勤怠管理ツールを使用する流れが加速しています。勤怠管理ツールを使用することで、紙の情報をデータ化するという作業や、それに伴う人為的なミスをなくし、人件費も削減できます。

また、有給休暇届などの申請がシステム上でおこなうことが可能になると、勤務年数によって異なる有給休暇日数の管理も容易になり、2019年から開始された有給休暇取得義務の順守など、労働基準法に合わせた勤怠管理が可能です。さらに、給与システムとの連携もスムーズになるため、大幅な業務効率化につながるでしょう。

「勤怠管理がシステム化されても打刻忘れや不正はあるのでは？」と不安を感じる人もいるかもしれません。しかし、自動的に打刻したり、ICカードや指紋認証、GPSの位置情報を利用した打刻など、現在各社から提供されている勤怠管理ツールでは、そのような不安を払拭する機能が搭載されていることがほとんどであり、手作業による勤怠管理と比較しても正確性、安全性は高いといえます。

部員のスケジュールもITツールで共有することがスタンダードに

社内における部員間のスケジュール管理も、最近ではITツールの使用が一般的になりつつあります。特に、テレワークを導入する場合には、スケジュール共有のIT化は必至でしょう。

部員間のスケジュール共有が可能になると、それぞれの業務の進捗状態を把握できるようになるため、たとえ部員全員がテレワークをおこなっていても、密な連携をとりながら業務を進めることが可能になります。また、社内にいる時のような「あの人はなんとなく忙しそう」といった不明瞭な進捗把握ではなく、明確に各部員の進捗状況やスケジュールを把握することができるため、マネジメントをする側にとっても管理が楽になることが予想されます。

スケジュール管理ツールは「Google カレンダー」や「サイボウズ office」「Microsoft Office 365」などがあり、有料や無料、クラウド型やパッケージ型、チャット機能など、ツールによってできることもさまざまですので、会社の規模やすでに使用しているシステムとの連携が可能かどうなどによって導入を決定するのがベターです。

プロジェクト管理ツール

感覚的な進捗管理をアプリケーション上でも

ほぼ自分一人で業務を完結できる職種に就いている人であれば、働き方がテレワークに変化しても大きな弊害は感じず、むしろ業務のパフォーマンスが向上したという人もいるでしょう。

しかし、複数名でチームを組み、1つ、あるいは複数のプロジェクトを並行して進める形で業務をおこなっていた人たちにとって、テレワークによって同じ空間に居られないということは大きな壁となります。これまでは、その都度何気なくメンバー間で声を掛け合い、そのやり取りの中でチーム全体がプロジェクトの進捗状況を肌感覚でつかむというごく自然なことができなくなってしまうからです。

そこで登場するのがいわゆる「プロジェクト管理ツール」です。たとえば、開発の現場などでは横軸に時間、縦軸に作業内容が書かれた「ガントチャート」がよく使用されますが、Excel でも簡単に作成することができます。また、Microsoft office のウェブサイトには、テンプレートも用意されています。

プロジェクト管理ツールは、多くの企業が提供しています。個人のタスク管理も同時にできるといった機能を備えたアプリケーションで、製品によっては資料の共有をスムーズにしたり、原価管理ができるものなどもあります。

なお、リリースされているプロジェクト管理ツールの一例としては、ガントチャートやロードマップが簡単に作成できる「Redmine」や「Backlog」、タスクを入力したカードを付箋のように動かす方法でプロジェクト管理をおこなう「Trello」などがあります。

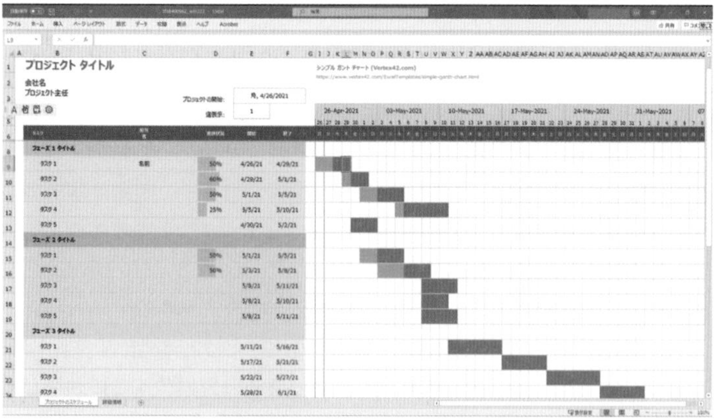

プロジェクトの進捗状況が視覚的に判断できるガントチャート。

ファイル共有ツール

急速なテレワークの普及で浮き彫りになる課題を解決

これまでも、そして現在も多くの企業で使われている社内ファイルサーバー。オンレミス型のサーバーは社内に限定されたネットワークのため、セキュリティ面での安心感が最大の長所ともいえます。そして、この社内ファイルサーバーにVPNを組み合わせ、社外からでも社内ファイルサーバーを利用可能にするという方法は現在も多くの企業で導入されています。

しかし、急速なテレワークの普及により、VPN接続をおこなう社員が急増。当然ながら回線が圧迫されるなどし、これまでアクセスできていたファイルが開けないといった問題が多発、従来のネットワーク環境への課題が浮き彫りになりました。

その一方でVPN接続の際に起こりがちな問題が発生することなくスムーズにテレワークへの移行ができたケースも少なくありません。そのカギとなるのがオンライン上のストレージを利用した「ファイル共有ツール」の存在です。ファイル共有ツールを利用すればストレージにアップロードしたファイルを簡単に他者と共有できるだけでなく、データの自動バックアップも可能です。また、気になるセキュリティ面においても、それぞれのサービスで暗号化など自社のセキュリティポリシーに基づいた対策が可能です。さらに、これらのサービスの多くはパソコンだけではなく、スマートフォンやタブレットなどの端末からも利用可能なため、より柔軟にテレワークに対応することが可能です。

代表的なサービスとしては、無料の個人向けサービスがあり世界的にもユーザーの多い「Dropbox」や、Business版以上であればストレージ容量が無制限かつセキュリティ面でも定評のある「Box」。また、さまざまなGoogleのサービスとの連携がスムーズな「Google ドライブ」や、同じくMicrosoft社のOffice365との連携がスムーズな「One Drive」などがあります。

ただ、これらはファイル共有ツールの中でもごく一部。このほかにもさまざまな種類がありますので、利用する際には自社のセキュリティポリシーで許容できるか、予算内で利用可能か、ストレージの容量は十分あるかといった点に注意しながら自社に合ったものを選んでください。

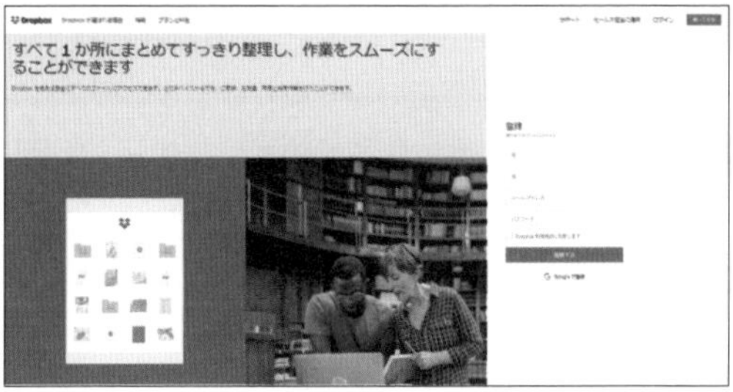

世界で9万2000社以上が利用しているという「Box」。

ビジネスコミュニケーションツール

変化しつつある電話とメールの“存在感”

長い間、対面以外でのビジネス上のコミュニケーション方法といえば電話かメール、もう少し時代をさかのぼるとファックスもまたその1つでした。

電話にはすぐに相手とつながることができ、相手と通話可能な状態にさえなればスピーディに情報のやり取りができるという大きなメリットがあります。しかしその一方で、若年層を中心に「相手の表情が見えないことが怖い」と感じる人が増えており、「突然自分の時間を奪われる」など否定的な意見もあります。

メールは、電話のように突然自分の時間を奪われることはないですし、ファイルなどのやり取りも同時にできますが、電話ほどの即時性はなく、相手によっては何日も返信がないということも考えられます。

また、メールの内容によって「CC」や「BCC」など宛先の設定が必要だったり、署名や挨拶の言葉など、内心「必要ないのでは？」と感じつつも、マナーとして形式的に記入していることも少なくありません。さらには、社内ですぐに声が掛けられる距離にいる相手に対しても、「いった、いわない」などのトラブルを防ぐために、時間をかけてメールを作成するようなこともあります。

今やビジネスコミュニケーションの主流となりつつある「ビジネスチャット」

このように、電話にもメールにもそれぞれの良さはあるものの、デメリットがあるのも事実。特にテレワークという状況下において、特に社内の人間に対しては相手が仕事中なのか休憩中であるかもわからず、直接話しかけるという手段も絶たれているため、デメリットの方を強く感じてしまいがちです。

そんなデメリットを解消すべく、現在ビジネスコミュニケーションの主流となりつつあるのがビジネスチャットです。ビジネスチャットでは、その名のとおりチャットのように短文でのやり取りが可能で、「LINE」のようなプライベートチャットツールと同様に、これまでの会話のやり取りが1つのつながりとなって残されていきます。そのため、メールのように件名で検索したり、やり取りの間に宛先や署名が入っていて過去のやり取りが見づらいとったこともありません。

さらに、ファイルのやり取りも可能ですし、プロジェクトごとに参加が許可されたメンバーしか入ることのできない「ルーム」をつくってやり取りをすることも可能です。

そのほか、相手にお願いしたいことや自分が対応しなければならないことをタスクとして常に表示させておく機能などもあります。

多くのビジネスチャットがスマホやタブレットでも使いやすい仕様になっており、今やコミュニケーションツールの主流となりつつあります。

大手ビジネスチャット4選

ビジネスチャットと一口にいってもさまざまな種類のものがありますが、ここでは2021年現在、特に大きなシェアを誇っているビジネスチャットを4つご紹介します。

Slack（スラック）

世界的にもシェアが高く、IT企業を中心に50万以上の組織で利用されているといわれているビジネスチャット。TwitterやSkypeなどのSNSをはじめ1500以上の外部サービスとの連携、無料のビデオ通話や音声通話なども可能。絵文字のカスタマイズなどもでき、自由度が高くフラットな会話にも向いています。

Slackは、GoogleやAppleのアカウントでサインインできる。

Chatwork（チャットワーク）

日本企業が開発しており、国内シェアが高いビジネスチャット。IDを知っている人とであれば誰とでもやり取りができるため、付き合いの長い取引先との連絡業務にも利用されています。やり取りの中で対応すべき案件があればメッセージごと期限を設定して「タスク」として管理できる点も大きな特徴です。

Microsoft Teams（マイクロソフトチームズ）

マイクロソフトが運営する「Office365」に組み込まれているため、Outlookをはじめとするマイクロソフトのサービスとの連携がスムーズで、「Office365」をすでに契約している場合は追加費用0円から利用が可能です。もちろん、マイクロソフト製品以外の多くの外部サービスとも連携しています。

LINE WORKS（ラインワークス）

ビジネス版のLINE。LINEと同じようにスタンプなど操作方法や画面構成などに共通する部分が多いため、プライベートでLINEを使用している人にとっては導入しやすいでしょう。アンケートやメンバーと共有できるカレンダーなど、ビジネスに使える機能が揃えられています。

オンライン会議ツール

時代は「会議＝オンライン」へ

テレワークを推進する動きが急速に高まったことで、もはやビジネスシーンには欠かすことのできないものとなったオンライン会議ツール。これまでも「テレビ会議」と呼ばれるシステムはあったものの、専用機器を導入する手間や費用がかかることに加え、複数名が会議室に集まり、拠点と拠点で会議するようなスタイルが一般的でした。しかし、現在主流となっているオンライン会議ツールはクラウド型。パソコンやスマートフォンにアプリケーションをダウンロードするだけで、一定の機能だけであれば無料で利用できるものが多くリリースされています。

オンライン会議ツールには主に２つのタイプがあり、１つは「ホスト」と呼ばれる主催者があらかじめ登録をしておけば、ほかの参加メンバーは、ホストから送られてきたURLに決められた時刻にアクセスするだけで会議に参加できるもの。そしてもう１つは、SNSアプリの機能の１つであるいわゆる「ビデオ通話」を利用するものです。

オンライン会議ツールは日常的に使用しているパソコンやスマートフォンがあれば簡単に導入できるため、テレワークとほぼセットのような形で多くの企業で急速に導入されるようになりました。さらに、導入の手軽さに加え、会議をするために集まる交通費などの経費削減や移動時間の短縮、会議室を押さえる手間などが省けるなどメリットも多くあります。

そのため、今後は特別なセキュリティ対策が必要ではない、定例会議や簡単なミーティングなどはオンライン会議でおこなうことが主流になっていくでしょう。

もはやプライベートな
コミュニケーションの手段としても

さらに、オンライン会議ツールはその手軽さから、ビジネスシーンだけにとどまらず、プライベートなコミュニケーションの手段としても利用されるようになっています。たとえば、複数の友人や会社の同僚たちとそれぞれの自宅でお酒などを片手にプライベートなやり取りをする「オンライン飲み会」などは、コロナ禍の中でも相手の顔を見ながら楽しい時間を過ごせることから、新たなコミュニケーションの形としてブームとなりました。

また、オンライン会議ツールは、新型コロナウイルス感染症の拡大により休校となった学生たちの意見交換の場や懇談会など保護者の間でも利用され始めています。

大手オンライン会議システム４選

オンライン会議ツールは、現在各社から多くのサービスがリリースされており、できることもさまざまです。ツールを選ぶ際の重要なポイントは「接続の安定性」「セキュリティ対策」「わかりやすい操作性」です。用途によっては同時に接続できるアカウント数なども考えなければなりません。ここで、その中でも特にユーザーの多い４つのツールを紹介します。

Zoom（ズーム）

オンライン会議ツールの中でも特に国内での利用者が多く、代表格ともいえるのがZoom。URLを共有するだけという手軽さと通信の安定性に定評があります。パーソナルミーティングは無料で利用可能。

Google Meet（グーグルミート）

Googleアカウントを持っているユーザーなら誰でも無料で利用でき、通信の安定性とGoogle社による高度なセキュリティ対策が大きな特徴。字幕起こし機能などもあります。

Microsoft Teams（チームズ）

マイクロソフトのアカウントでログインができ、WordやExcelなどとの連携がスムーズ。また、ノイズ抑制機能やセキュリティ機能も優れており、全社的な会議など、最大10,000人のイベント開催も可能。

Skype（スカイプ）

こちらもマイクロソフトが提供しており、基本的にはパソコンやスマホなどに専用のアプリケーションをダウンロードして使用します。最大50名まで利用可能で、無料版では1回のビデオ通話に対して4時間まで、1日で10時間まで、1箇月で100時間までの制限があります。

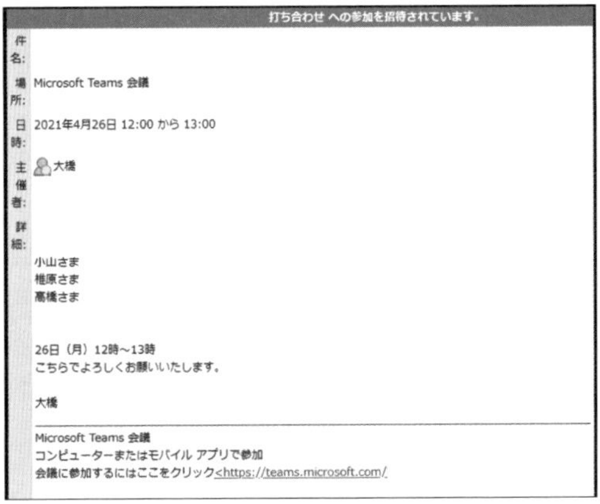

Microsoft Teamsで送られた招待メール。オンライン会議ツールは、参加者にURLや開催日時が記載された招待メールを送るだけ。

テレワークは自宅だけじゃない

肝心のワークスペースの確保が困難な場合も

ここまでリモートワークに役立つツールをいくつかご紹介してきましたが、ツールは準備できても、肝心のワークスペースの確保ができない…と頭を抱えている人も少なくありません。

会社がサテライトオフィスを提供している場合や、自宅に書斎がある人、1人暮らしの人であればワークスペースの確保は比較的容易ですが、同居する家族がいると、自宅で仕事をすることが難しい場合もあります。

そのような人のために考えられるワークスペースとしては、カフェや図書館などがありますが、長時間の利用を断っている店や、電話やオンライン会議などには不向きだったりと、個人でワークスペースを確保することは意外と難しいものです。

快適なテレワークには有料スペースの利用が不可欠

移動時間などを考えると自宅内で仕事に集中できる場所を確保できることがベストですが、仕事に適した快適な環境でテレワークをするのであれば、有料の専用スペースを利用することも検討してみましょう。企業によっては、自宅であれば光熱費など、また、自宅外であれば施設利料に充当するための「在宅勤務手当」が出る場合もあります。自宅に適当なスペースが確保できない人は、次のようなスペースを利用してみてはいかがでしょうか。

コワーキングスペース

基本的に広々とした場所にデスクとチェアが配してあり、好きな席に座ることができます。電源やWi-Fiはもちろん、フリードリンクが利用できるスペースもあります。間仕切りなどはない、あるいは最小限にとどめられている場合が多く、利用者同士の顔が見えるため、コミュニティが出来上がるケースも。オープンスペースであることから、セキュリティ面での不安があり、電話やオンライン会議では、ほかの利用者に迷惑をかけることになります。会話がなく、パソコンを使って一人で作業をするような場合に適したスペースといえるでしょう。

シェアオフィス

ビルのワンフロアなど、比較的広い場所の中に複数の部屋があり、複数の企業や個人事業主がスペースを借りてオフィスとして利用する場所です。

ブースになっているタイプや、完全に個室になっているタイプ、会議室や電話専用のスペースがあるなど、コワーキングスペースよりも区切られたスペースが多く、利用するスペースによっては密室になっているためオンライン会議なども比較的しやすいといえます。料金は、月額が基本です。

ビジネスホテル

ビジネスホテルがテレワークに適していることから、最近ではホテルのプランの1つにテレワーク用のデイユースプランが用意されているケースが増えています。完全な個室なので長時間のオンライン会議や頻繁に電話をする場合にも都合が良く、大浴場やジムなどの施設があるホテルや、リゾート地に近いホテルなどを利用すれば、ちょっとした“ワーケーション”を体験することもできるでしょう。近くのホテルを調べてみはいかがでしょうか。

ネットカフェ

ネットカフェと聞くと狭い空間で雑然としたイメージを持つ人も多いかもしれませんが、最近ではネットカフェとして営業はしているものの、テレワークでの利用を想定して作られた完全個室型のタイプも少なくありません。脚を伸ばして利用できる広さの個室に、あらかじめデスクトップPCが置かれているといったイメージで、防音仕様や鍵付きの個室もあるので、セキュリティ面でも安心して利用できる店舗が増えています。

カラオケBOX

最近、カラオケBOXをシェアオフィス代わりに利用する人も増えてきました。1時間単位で借りることができ、店によっては1時間百数十円という低料金で、フリードリンク制の場合もあります。業務に疲れたら「1曲」などという使い方もあります。

駅ナカのシェアオフィスも登場

JR東日本では都内23区内を中心に駅ナカに電話ボックス型の「STATION WORK」と呼ばれる個人用シェアオフィスの展開を始めています。ボックス内にデスクやチェアのほかに電源、ネット環境、空調設備も完備されており、料金は「STATION BOOTH」と呼ばれるタイプの1人用ボックスで15分275円(2021年4月現在)。長時間の利用には向いていませんが、移動途中に重要なメールを返信したい時や、ちょっとした待ち時間が出来てしまった時などにも便利なスペースです。

JR新宿駅に設置された個人用シェアオフィス。電話ボックスをやや大きくしたようなサイズだ。

3.2 ワークフローの電子化に向けて

ワークフローシステムの選び方

ワークフローの定義

電子決裁システムの導入によって業務の効率化が期待されますが、テレワークの採用や働き方改革の実現に向けては、業務の流れ、特に承認業務のワークフローを効率化させることが重要なポイントです。

ここでいうワークフローとは、「ある一定の業務に関係する複数人によっておこなわれる一連のやり取りと業務の流れ」のことをいいます。たとえば、企業が備品を発注する場合、一般的には申請者（社員）が、備品の購入を上司に申請し、その上司から総務部門に申請します。そして、総務が承認したら購入となり、申請者の手元に備品が届く…といった流れになりますが、本書では、この一連（すべて）の流れをワークフローと定義します。

ワークフローシステムとは

従来このワークフローは紙を用いておこなっており、多人数の捺印の手間とそれに伴う時間が必要でした。これを解決するためにワークフローを電子化し、オンラインで申請書を送ったり、承認や捺印したりできるようにした仕組みが“ワークフローシステム”です。紙を用いたワークフローに比べ効率化することができ、さらには申請の進行状況が可視化され、申請者にも確認できるようになります。

ワークフローシステムを導入すると…

ワークフローシステムを導入することにより生まれるメリットについて、もう少し詳しくご紹介しましょう。具体的には次のようなメリットがあります。

◎書類の申請・承認を手早く進めることができる

書類の申請から承認まで、すべてオンライン上で実施することができ、申請者は書類をプリントアウトする必要はなく、上司が席にいるか確認したり、待ったりする必要もありません。承認の進行状況は素早く把握できます。書類に不備があって差し戻しになった場合も、すべてをやり直す必要がなく、不備のあった箇所のみ修正すれば、申請し直すことも可能になります。

◎書類管理の負担・ミスを軽減できる

書類を紙で管理する必要がなくなります。あとから書類の内容を確認したければキーワードや作成日で検索して簡単に見つけ出すことができるため、書類管理の負担が大きく軽減できます。

また、記入漏れや計算ミスが起きた場合、自動的にエラーを返す仕組みが備わっているシステムもあり、ミスの軽減、修正対応の効率化にも繋がります。

◎コンプライアンス強化

近年、企業におけるコンプライアンス強化の重要性が増しています。ワークフローシステムでは、文書にアクセス制限をかけたり、パスワードを設定したりして、セキュリティを強化することが可能です。閲覧者・承認者を明確にすることで改ざん・悪用・不正を防止します。

◎ペーパーレス化を実現できる

ワークフローの工程をオンライン上で完結できるようにすれば、ペーパーレ化を実現できます。用紙やインク、印刷、製本テープ、郵送、さらには収入印紙などの費用が不要となります。

ワークフローシステムが好影響を与える

申請・承認 | 文書管理 | コンプライアンス | ペーパーレス

ワークフローシステム導入における注意点

ワークフローシステムの導入にあたっては、次のような注意が必要です。

自社のワークフローの中でどの部分をシステム化したいのか、事前に検討しておくことが大切です。ワークフローシステムにはさまざまな種類があり、その機能も異なります。多機能なタイプを導入したけれど、使わない機能が多い、といった結果を招きかねません。

まずは自社の課題を洗い出した上で、「どの部分を自動化したいのか」を整理しましょう。自社にとってどのような製品が適しているのか、機能の必要性を十分検討し、適したシステムを選択しましょう。

ワークフローシステムの比較項目

それでは、実際にワークフローシステムの導入を検討する場合、どのような観点でシステムを選べば良いでしょうか？　ここでは、特に注目しておくべき項目を紹介します。

◎自社の課題を解決できる機能があるか

システム導入で最も重要な点は「そのシステムが自社の課題解決につながる」ということです。たとえば、「外出先からタスク実行できるようにする」「自社の CRM システムとも連携させる」など、課題を挙げて検討します。また、実際の導入事例などを確認し、自社にも応用できるかどうか相談することも重要です。

◎操作が簡単にできるか

システムが素晴らしくても、使い方が理解できなければ、残念ながら職場に定着することはありません。実際に使う社員が「使いやすく」「操作が簡単」でなければなりません。可能であれば試験導入期間を設けて、その後、本格的な導入を検討すると良いでしょう。

◎自社の既存システムとの連携ができるか

現行の人事システムや組織図などと連携ができれば、より使いやすくなります。現行のシステムから大幅に変化することには抵抗が付きもの。社内の反発も予測されるため、可能であれば現行システムを維持しつつ、連携することによってさらに便利になるような仕組みを選択しましょう。

ただし、前述した「2025 年の崖」が招く諸問題については、しっかりと対応しておく必要があります。

◎クラウド型かオンプレミス型か

システムの分類としては、大まかには「クラウド型」と「オンプレミス型」があります。クラウド型は外部サーバーを使用するタイプ、オンプレミス型は自社内にサーバーを置いて開発・保守・運用をするタイプです。

自社内に開発を指揮できる人材が十分かつ長期的に確保できる状況であれば、オンプレミス型の方がカスタマイズの自由度が高いため、ビジネスの状況に合わせてシステム構築できるので、クラウド型が登場する以前は、オンプレミス型が主流でした。

しかし近年は、IT 人材の不足やコスト削減のため、クラウド型が主流になっています。クラウド型であれば、ハードウェアの調達やサーバーの増強、ソフトウェアのインストールなどをする必要がありません。

クラウド型サービスならブラウザで操作できるなどのメリットがあり、テレワーク環境をつくりやすいでしょう。

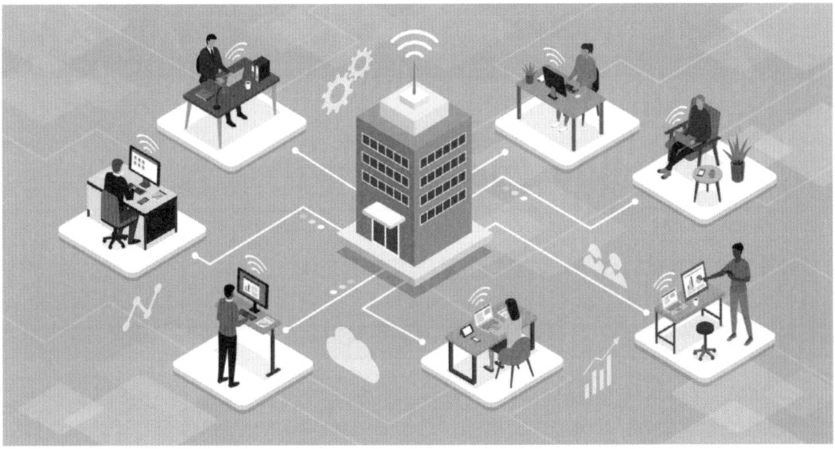

◎セキュリティが高水準か

契約書や稟議書の内容は、自社の方針・決定が記された重要書類です。それらを取り扱うワークフローシステムのセキュリティは高水準でなければなりません。社外からの不正アクセス、社内での改ざん・悪用など、あらゆるリスクに対して対策が施されているかどうかを確認しましょう。閲覧履歴やダウンロード履歴が残る機能、承認時にタイムスタンプが付く機能、高セキュリティの電子署名が使える機能など、システムそれぞれに特色があります。

ワークフローシステムの導入にあたり比較したい項目

- 課題解決
- クラウド型
- 簡単操作
- セキュリティ
- システム連携

3.3 ワークフローシステムを導入すると

小規模企業・個人事業主の場合

解決したいワークフロー①

見積書・納品書・請求書を電子化したい

A社は、社員10人未満の小規模企業。これまで社長がExcelで見積書・納品書・請求書などを作成してきました。近年、見積書は事前にメールに添付して送ることが増えてきて、納品書と請求書はプリントアウトした後、社印（角印）を押し、郵送しています。また、最近になって、取引先からも「納品書・請求書もメールでいいですよ」といわれることが増えたこともあり、電子印鑑を使って「パソコン上で社印や氏名印を押せれば」と考えています。

導入後は

時短・コスト削減・手間の軽減などメリット大

- 封筒のあて名書きや封筒、切手の購入、投函などの作業が一気に不要になる
- 自宅からでも業務が可能になり、テレワークしやすくなる

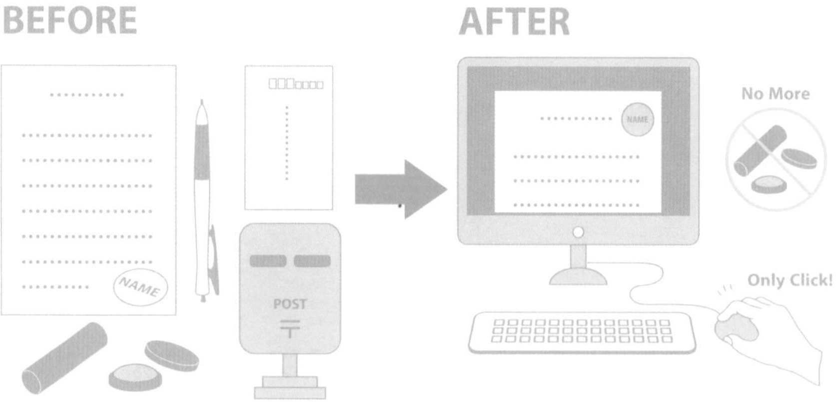

解決したいワークフロー②

取引先から送られてくる請書に、パソコン上で記名押印して返信したい

B 社の取引先である大手企業が DX を導入、発注から請求までの一連の作業が電子化されました。そのため先方が作成した定型の発注書と請書をメールで受信し、請書に内容を記入し、記名押印して返信しなければなりません。また同時に、自社の請求書も PDF にして送らなければなりません。

これまでどおりプリントアウトしていては、手間がかかる上、紙をスキャニングするため、少し汚くなってしまうのが悩みです。

導入後は

請求書や発注書、請書などをパソコン上で管理

・請書や請求書の発送がメールで済むようになる
・受け取った発注書や請書、発行した請求書はすべてパソコンで管理可能になる
・ペーパーレス化

コラム

個人事業主のデザイナーC君の場合

C君はデザイナーで、在宅で仕事をしている個人事業主です。取引先とのやり取りはメールや電話が多く、最近では、打ち合わせもオンライン会議が増えてきました。

そのような状況もあり、C君は、自分の氏名印（画像ファイル）を作ってみました。そして、Excel で作成した見積書や請求書などに挿入していたのですが、ファイルの表示状態や操作によっては、挿入した印のサイズが異なってしまうことがあり、また、同じ位置に配置するのも、結構たいへんです。

そこで、以前から気になっていた、電子印鑑サービスを使用したところ、その問題は解消されました。クラウドで使うことができ、押印もラクになり、今ではストレスなく利用しています。

中規模企業の場合

解決したいワークフロー①

交通費などの経費精算を電子化したい

社員数約120名のD社では、これまで社員の経費精算は、専用の申請書に手書きで記入した上で署名捺印し、上長に提出。上長は自らの承認印を押し、経理部門に提出するという手間をかけていました。

導入後は

経理部門の処理件数が劇的に増加

・申請書のチェックが簡単になり、経理部門の処理スピードが上がった
・上長の手間も省力化し、経理部門もほかの仕事を処理する時間的余裕が生まれた

解決したいワークフロー②

休暇届け・残業申請などをオンライン化し、勤怠管理を一元管理可能にしたい

E社は、都内、近畿圏数箇所に営業所を持つ中堅企業で、社員の勤怠管理に頭を悩ませていました。各営業所ごとに異なる事情もあり、これまでは各営業所に勤怠管理の担当者を配置し、本社への連絡業務をおこなっていたのですが、人手不足や経費削減の目標もあり、管理方法をオンライン化できないかと考えるようになっていました。

導入後は

一元管理が可能になり、人手不足でも問題なし

・本社1箇所での管理が可能になった
・本社の担当者はテレワークが可能になった
・テレワークが可能になったため、優秀な人材を採用しやすくなった
・各営業所の手間も軽減され、売り上げもアップ

解決したいワークフロー③

取引先との議事録のやり取りに電信印鑑を導入し、業務をスムーズにしたい

F 社の重要なクライアントであるG 社は、業務の打ち合わせ後には、必ず議事録の提出を求めてきます。通常は、自社に戻った担当者が作成し、メールでクライアントの複数人や自社スタッフに送っていましたが、先方の数人が読んでいないケースも多く、それが理由でトラブルになることさえありました。

テレワークが推奨され始めてからはオンライン会議が増えました。それをきっかけにクライアントの担当者から「電子印鑑を導入して、全員が押印したらどうか」という打診がありました。

導入後は

全員が押印することで、業務がスムーズになり、トラブルもなくなった

- 業務がスムーズに進むようになった
- クライアントも「聞いていない」といえなくなり、トラブルがゼロに
- テレワーク中、部門の売り上げが上がった

大規模企業の場合

解決したいワークフロー①

過去の取引や契約内容を知りたいが、関連書類が見つけづらい

H社は全国に展開する大規模企業。社員の異動も定期的におこなわれるので、業務の引継ぎも頻繁におこなわれています。ただ、取引実績や契約内容、業務の流れ、トラブル、担当者についてなど、多くの情報を引継がなければならないので、時間もかかります。

導入後は

引継ぎ時間が短縮・書類の作成もスピードアップ

- 資料がデジタル化したので検索が簡単になった
- 情報の引継ぎがラクになり、しっかりと把握できるので、顧客からの信頼度が増した
- 過去の資料を再利用できる業務も多く、無駄な資料を作成しなくて済むようになった

解決したいワークフロー②

請求書の処理手続きに手間がかかり、上司の捺印が遅れて取引先に迷惑をかける

I君のいる営業部は、取引先からの請求書を受け取ると、伝票類を貼付し、上司の印をもらって経理に回します。締め切りは毎月5日と決まっており、間に合わない場合は翌月処理になってしまいます。これまで、締め切りぎりぎりに届いた場合でも、なんとか間に合わせていたのですが、その日に限って、上司が留守。結局間に合わず、処理が翌月に回り、取引先への支払いも通常よりも1箇月遅れることになりました。

導入後は

外出先からでも捺印でき、処理がスピードアップ

- 締め切り直前に慌てる必要がなくなった
- 取引先の請求書も電子化され、処理がますますラクになった
- 時間を提案書作成などに充てることができるようになった
- テレワークが推奨されるようになった

解決したいワークフロー③

「副業OK」なのに、ムダが多くて、そんな余裕はない

J社は、大手企業ながら「副業OK」を打ち出しています。しかし、効率の悪いワークフローのせいか、あるいは副業することを快く思わない上司のせいか、副業にあてる時間の余裕は全くありませんでした。しかし、DX化が進んでくると、さまざまなワークフローが劇的に効率アップ。その結果を確認した会社は、さらにDX化を加速するということが決めました。

導入後は

ワークフローが改善され、さまざまな業務の時間が短縮された

- テレワークが進み、出社する回数が減った
- 通常業務がスピーディになり、取引先からも喜ばれている
- 慣習だった報告書づくりが無駄だとわかり、そのほかの資料も見直されている
- 社員の中には、副業を開始する者も出始めている
- 短時間勤務、テレワークのみなどの新しい勤務体制が採用され、多様な人材を確保できるようになった

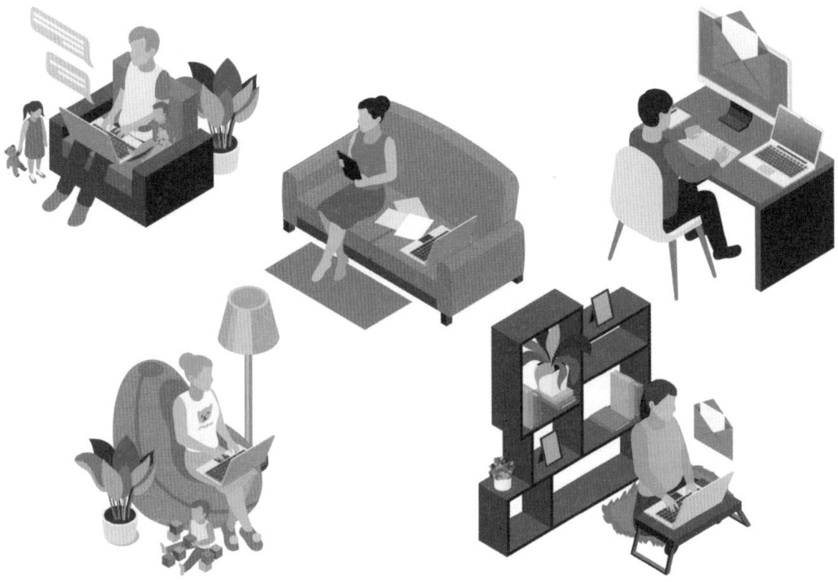

大学の場合

解決したいワークフロー①

経費節減や事務の効率化が求められた。物品購入のワークフローを見直したい

K 学園では、文部科学省から通知された『研究機関における公的研究費の管理・監査のガイドライン（実施基準）』に準じて、資金の使用における不正防止対策をおこなうために、事前申請と事前決裁を徹底する必要がありました。そこで電子決裁システムを導入することにしましたが、関連する教職員の勤務日が異なることあり、承認作業が滞らないようにする仕組みが必要でした。

導入後は

承認フローが可視化。ほかの業務にも効果大

・申請に必要な添付書類が多いが電子印鑑によって効率が上がり、ミスも少なくなった
・押印漏れがあっても、本人にもらいに行く必要がなくなった
・ほかのフローにも活用しようという動きが出て、教職員のモチベーションが上がった

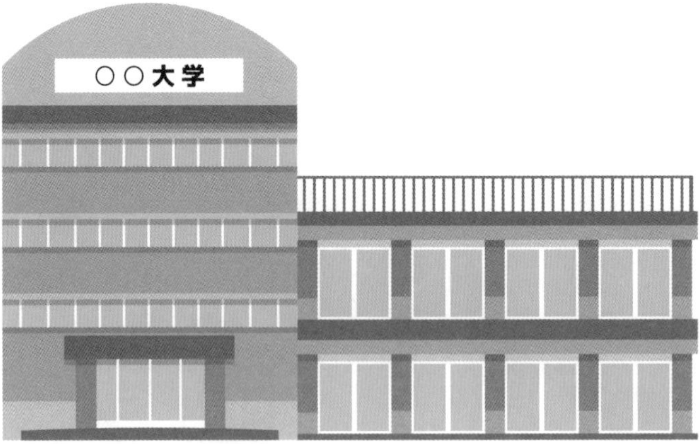

地方自治体の場合

解決したいワークフロー①

毎日、大量の決裁処理がおこなわれているが、いつでもどこでもおこなえるようにしたい 作成したファイルの管理の手間を軽減したい

地方自治体では、連日、大量の決裁がおこなわれています。しかし、テレワークを普及する基盤はつくらなければなりません。また、作成した資料もWordやExcel、PDFなど、異なる形式でつくられており、1つのファイルを開くだけで手間取っています。

導入後は

わずかな期間で電子化。テレワークも加速

・多くの職員が定期的にテレワークを実施できるようになった
・すべてのファイルをイメージ処理しファイル確認がスムーズにできるようになった
・以下のメリットを得られた
　文書の改ざん防止／文書の検索効率の向上／ペーパーレス化／省スペース化

目標

住民が、さまざまな申請をオンラインでできるようにするシステムを取り入れ、
住民サービスの向上につなげていきたい

3.4 ワークフローを変える各社のサービス

※ここで紹介する製品・サービスは、2021 年 5 月 7 日現在の各社ウェブサイトの情報をもとに構成しています

X-point Cloud

◎特徴

紙の書類を扱う時のような「直観的な操作」を実現したワークフローシステム

X-point Cloud では、従来の書式やデザインに合わせて申請書のフォームが作成できるため導入もスムーズ。また、承認や申請はワンクリックでおこなうことができ、スマートフォンやタブレット端末にも対応。承認状況が可視化されるため、決裁のスピードが大幅に短縮できます。さらに、汎用性の高いワークフローシステムのため稟議書だけではなく交通費精算や人事申請にも利用可能。クラウドサービスなので設備が不要で、クラウドデーターセンターはセキュリティ面でも安心です。

◎サービス

ワークフローシステム（クラウド型）

◎主な機能とメリット

1.「紙イメージ」そのままだから使いやすい

書類のフォームは従来のままでありながらも、さまざまな入力支援機能がプラスされるため、申請者の手間とミスを減らすことができます。さらに、関連する書類にデータを引き継いだり、関連書類の自動作成や一括申請、ほかのユーザーが代理申請をすることも可能なため、使いやすさはそのままに、大幅な効率アップを図ります。

2. どこからでも申請・承認可能

「印影機能」により紙と同じようなイメージの承認が、スマホやタブレット端末でも。また、「通知機能」により外出先での承認漏れもなくせます。さらに「代理承認機能」を活用すれば、上長の不在時にありがちな申請書類の滞留も解消します。

3. 多彩な検索機能で欲しい書類が素早く手元に

ワークフロー機能だけではなく、検索機能も充実。フォームをまたいだ串刺し検索、フォーム内のフィールド値を指定しての検索、日付検索などを標準機能で搭載しています。また、よく使う検索条件を保存することで、検索の手間を最小限に抑えます。

◎導入後に期待できること

1. オフィスに縛られない業務手続きの実現

営業職などにありがちな「申請業務のためにオフィスに戻らなければならない」「出張から戻るまで書類の処理ができない」といった問題を解消します。

2. 業務手続きの電子化による業務効率化

入力補助によってミスをなくし、一括申請や自動申請、関連書類の呼び出し、充実した検索機能によりスピーディな処理を可能にします。

3. 業務フローを可視化しボトルネック解消

上長の不在による承認待ちや、承認状況や回覧状況が把握できないことによる業務の滞りがなくなります。

◎料金プラン（例）

スタンダードプラン

初期費用：0 円　月額費用：500 円×ユーザー数（月額払い）　契約期間：1 箇月〜

プリペイドプラン

初期費用：0 円　月額費用：475 円×ユーザー数× 12（年額一括払い）

契約期間：12 箇月〜

※プリペイドプランの場合、ユーザー利用料の割引率（5%）が月額費用に適用されます。
※製品・サービス等の詳細は下記ウェブサイトでご確認いただくか、直接各社へ問い合わせてください。

㊫ 株式会社エイトレッド　https://www.atled.jp/xpoint_cloud/

サイボウズ Office

◎特徴

日本のビジネスにフィットした使い勝手の良い機能が手頃な価格でワンパッケージに

サイボウズOfficeは発売以来、日本人の働き方やニーズに合わせて開発され続けているグループウェア。そのため、大事な情報を見逃さないためのトップページや、スマホからも申請や決裁が可能なワークフローなど、誰でも簡単に使える機能が凝縮されています。また、1ユーザー月額500円（税別）から利用できる手軽さも大きな魅力です。

◎サービス

中小企業向けグループウェア（クラウド型）

◎主な機能とメリット

1. 必要な情報が凝縮されたトップページ

トップページには、その日の予定や自分宛の連絡・申請など、チェックしておかなければならならい情報がひと目でわかるように表示されます。また、トップページの表示内容やデザインはユーザーごとに変更が可能なので、自分の業務内容やポジションに合わせて使いやすくカスタマイズできます。

2.「パッと見」でわかりやすいスケジューラー

チーム全体のスケジュールが確認できるだけではなく、たとえば、会議に参加して欲しいメンバーのスケジュールのみを表示することなども可能なため、空き時間などがひと目でわかります。さらに、色分けやタグにより「この日は会議が多い」など、「パッと見」で毎日の予定を把握できます。

3. スマホからも簡単に申請・承認ができるワークフロー

「稟議書」「交通費申請」「休暇申請」といった申請や決裁がスマホからも可能なため、外出先でも素早く処理が可能です。また、各申請のステータスの確認や申請の下書き、取り消しも簡単にできます。

◎導入後に期待できること

1. 連絡事項の周知徹底

トップページでは、宛先指定されたメールの通知や電話メモなどを表示させることができるため、優先して確認すべき連絡事項を確実に知ることができます。また、管理者は全ユーザーのトップページへの連絡を掲示することができるため、メールよりも確実に必要な情報を伝えることが可能です。

2. スムーズなスケジュール調整

「予定調整」機能では、参加者や場所、期間などを指定し検索するだけで、自動的に全員の予定が合う日程を抽出することが可能です。スケジュール調整の手間を大幅に減らすことができます。

3. テレワークや外出中のメンバーとのやり取りもスムーズに

スマホから申請や決裁が可能なだけではなく、ログイン時間と連動する勤怠管理や、不在メンバーへ素早く通知される電話メモなどを活用することにより、テレワークや外出中のメンバーとのやり取りがスムーズになります。

◎料金プラン（例）

スタンダードコース

初期費用：0円　月額費用：1ユーザーあたり500円（年額5880円）

契約期間：1箇月～

プリペイドコース

初期費用：0円　月額費用：1ユーザーあたり800円（年額9405円）

契約期間：1箇月～

※記載の料金は税抜表記です。
※5ユーザーから契約可能。6ユーザー目以降は1ユーザー単位で契約可能。
※製品・サービス等の詳細は下記ウェブサイトでご確認いただくか、直接各社へ問い合わせてください。

㊐ サイボウズ株式会社　https://office.cybozu.co.jp/

DocGear 3

◎特徴

従来使用している Word や Excel・PDF などの帳票をそのままワークフローに申請できる

DocGear 3では、現在使用しているWordやExcel、PDFファイルの帳票をそのままワークフローに申請できるため、新たに書式を作成する必要も新たな操作を覚える必要もありません。また、パソコンだけではなくスマホやタブレットなどの端末からPDFファイルに電子印鑑の捺印ができます。さらに承認後の文書は保管フォルダにて一元管理。キーワードや件名、送信日などから簡単に検索が可能です。

◎サービス

文書管理機能搭載ワークフローシステム

◎主な機能とメリット

1. 既存の帳票ファイルをそのまま使える

普段から使っているアプリケーションを利用できるので、新しい操作を覚える必要がなく、スムーズな導入が可能です。

2. ブラウザで電子印鑑を捺印できる

ブラウザ上で電子印鑑の捺印が可能です。パソコンだけでなくiOSやAndroidのようなスマートフォンやタブレット端末にも対応しており、さまざまなデバイスから電子印鑑を使ってPDFファイルに捺印ができます。なお、電子印鑑を利用するには別途印鑑データパックが必要です。

3. 文書管理がラクになる

デジタルデータとして書類を保存・一元管理します。承認後の文書はWordやExcelなどでつくられたOffice文書はもちろん、PDFやDocuWorks文書も保管フォルダに保存が可能です。キーワードを使って全文検索や、件名や差出人・状態（回覧中ほか）・送信日などからも、簡単に探したい書類を探すことができます。

◎導入後に期待できること

1. 緩やかな電子化に無理なく移行

WordやExcel、PDFといった多くの企業で使用されている形式のままの帳票が利用できるため、単純に紙に印刷する作業がなくなるだけのイメージで、スムーズに電子化への移行ができます。

2. 決裁までの時間が大きく短縮

これまで紙ベースでおこなわれていた決裁を電子化し、電子印鑑を使用することで、申請書の整理や確認の時間も大幅に短縮することができます。

3. 文書に合わせたアクセス権で安全かつスピーディーに回覧

登録した文章の閲覧・編集権限は8種類の中から選ぶことができます。合議機能を使用すれば、在籍している人から決裁が可能なため、スピーディーな回覧が可能です。

◎料金プラン（例）

基本システム（DocGear 基本パック）

標準価格：38万5000円（税込み）

※自社で環境をセットアップし、利用するタイプの製品です
※基本パックの利用可能ユーザー数は最大100ユーザーです。

テクニカルサポート（有償テクニカルサポート）

標準価格：9万9000円（税込み）

※サポート期間は1年間です。
※インストールや操作に関する説明や、電話や電子メールなどによる問い合わせに対応。製品購入時に加入が必要です。詳細については別途運営会社に問い合わせてください。
※製品・サービス等の詳細は下記ウェブサイトでご確認いただくか、直接各社へ問い合わせてください。

㊫ シヤチハタ株式会社　https://dstmp.shachihata.co.jp/

楽々 Workflow Ⅱ

◎特徴

スピーディーな導入。
大規模・長期運用に対応可能

楽々 Workflow Ⅱでは、特別なツールを使うことなく申請フォームや承認フローなどの設定が可能で、Excelによる画面作成にも対応しています。また、状況に応じて多様なワークフローの決裁ルートが選べるため、大規模な運用や、人事異動などを経た長期的な運用も可能です。

◎サービス

電子承認・電子決裁システム

◎主な機能とメリット

1. 簡単かつスピーディーな立ち上げ

ブラウザ上でのマウス操作など、簡単なレイアウト編集のみで思い通りの画面を簡単に設定でき、さらにExcelでの画面作成も可能です。そのため、専門的なプログラミング知識も必要なく、自社のワークフローシステムを短期間で構築できます。

2. 大規模・長期運用にも対応

多部門にまたがり経路が複雑なワークフローも簡単に設定できます。また、きめ細かなユーザー・組織管理システムを採用。人事異動時のメンテナンスを各部門で対応することによって、維持コストを最小限に抑えることができます。

3. タブレットやスマホ、外国語にも対応

タブレットやスマホからも申請や承認業務がおこなえることはもちろんのこと、英語と中国語にも標準対応しています。さらに、言語追加機能を利用することで、タイ語やフランス語などの多言語にも対応が可能です。

4. 統一基盤としての利用が可能

同じ機能はあるもの、プラットフォームが違うために共通化できないワークフロー業務もWorkflow Ⅱで統制することが可能です。

◎導入後に期待できること

1. 日本ならではの複雑な承認フローもスムーズに

申請者や承認者がワークフローを円滑に進める為に、事前に決裁者やほかの関係者に審議内容を知らせる、いわゆる「根回し」もスムーズにおこなうことができます。

2. わかりやすい文書管理を実現

社内規定文書の改訂時は自動的にすべての改訂前の情報を保存するとともに、文書閲覧画面では、最新版の文書を表示し、わかりやすい文書管理が可能です。

3. グローバル展開を簡単に

中国語で申請を、英語でメール通知・承認し、さらに日本語でメール通知をして日本語で決裁する、といった世界をめぐるワークフローを簡単に実現できます。

◎料金プラン（例）

楽々 WorkflowII ライセンス

基本ライセンス 250万円〜

※記載の料金は税抜表記です。
※製品・サービス等の詳細は下記ウェブサイトでご確認いただくか、直接各社へ問い合わせてください。

㊫ 住友電工情報システム株式会社　https://www.sei-info.co.jp/

ExchangeUSE

◎特徴

業務処理に最適なワークフローシステムの提供と充実のサポート

1700社以上を超える導入実績を持つExchangeUSEは、その豊富な経験から各企業には最適なワークフロー環境が提供されます。また、さまざまなワークフローシステムを1つの共通基盤の上に構築することで、それまでバラバラに稼働していたワークフローを統合し、運用・管理ができます。さらに、導入後もトラブルの発生を未然に防ぐための無料の講習会を定期開催するなどサポート体制が整えられています。

◎サービス

ワークフローシステム

◎主な機能とメリット

1. さまざまなワークフローを1つの共通基盤の上に構築・統合

処理能力の高い基盤を持っています。そのため、大規模なワークフローや企業特有のオリジナルな処理、外部システムとのデータ連携など、それまで企業内でバラバラに稼働していたワークフローを1つの共通基盤の上に構築し、統合、運用、管理することが可能です。

2. ノンプログラミングで設定・作成が可能

申請や承認、条件分岐といった一見専門知識が必要に思われがちな経路設定も、専用ツール内でマウス操作するだけ。また、稟議書や申請書などの画面も専用ツールを使うだけで作成できます。さらに手持ちのExcelを登録することも可能です。

3. 導入後のトラブルを発生させないフォロー体制

導入後は、トラブルが発生してからのサポートだけではなく、トラブルを未然に防ぐ取り組みを実施。トラブルが発生しやすい3月や9月などの期変わりのタイミングに備え、具体的な失敗例を交えながら、ワークフロー新規追加時のポイントなどが学べる無料の講習会を開催しています。

◎導入後に期待できること

1. スムーズなシステム移行が可能に

画面設計ツール「フリースタイルデザイナー」なら、既存の紙の書式のイメージを残しながら自由にフォームを作成できるため、システム移行もスムーズに。

2. ホストのシステムに大きな変更を加えることなく連携を実現

現在ホストとして使用しているシステムに大きな変更を加えることなく、新たなワークフローを短期間で追加・連携できます。

3. 既存の Excel を利用することで短期間でペーパーレス化を可能に

既存の Excel ワークシートを利用して帳票を作成することが可能。そのため、現在 Excel ベースでの書類作成がメインの場合は、スピーディにペーパーレス化を進めることができます。

◎料金プラン（例）

ExchangeUSE　ワークフローパッケージ

（フリースタイルワークフローの場合）

利用人数：100 名／ 70万円　　100 名（追加ライセンス）／ 56万円
　　　　　1000 名／ 525万円　1000 名（追加ライセンス）／ 510万円
CPU 数：1CPU ／ 400万円　　1CPU（追加ライセンス）／ 300万円

※記載の料金は税抜表記です。
※そのほか「旅費・経費精算ワークフロー」「勤怠管理ワークフロー」、各種オプション等があります。
※製品・サービス等の詳細は下記ウェブサイトでご確認いただくか、直接各社へ問い合わせてください。

㊫ 富士電機株式会社　https://www.exchangeuse.com/

MAJOR FLOW Z CLOUD

◎特徴

豊富な機能により1000本以上の実績を誇る MAJOR FLOWシリーズのクラウドサービス

MAJOR FLOW Z CLOUDは、大企業・中堅企業向けのエンタープライズワークフローであるオンプレミス版「MAJOR FLOW Z」シリーズのうち、経費精算・ワークフロー・就業管理がクラウドで利用できるサービス。中小企業から大企業まで対応可能な本格的かつ豊富な機能を持なシステムを初期費用5万円＋月々3万円から利用できます。さらに、申し込みから5営業日以内に専用の環境が用意され、簡単な設定をするだけですぐに利用できる手軽さも大きな特徴です。

◎サービス

ワークフローシステム

◎主な機能とメリット

1. 経費精算における手間をまとめて省力化できる

MAJOR FLOW Z CLOUD経費精算では、申請から支払処理までを一元管理。ペーパーレス化に加え、交通費や宿泊費などの自動計算や、ひな形やコピー機能により入力にかかる単純業務が削減されるため、大幅な時間短縮につながります。

2. 専門知識がなくても直感的に申請書が作成できる

MAJOR FLOW Z CLOUDワークフローでは、難しい専門知識がなくても、入力したい項目を選択・配置するだけで申請書が作成可能です。また、承認者はスマホからいつでもどこでも承認を完了できます。

3. マルチデバイス対応によりさまざまなワークスタイルに対応

MAJOR FLOW Z CLOUD就業管理は、就業時間の集計や休暇残数の管理、給与システムとの連携など就業管理に関する機能を網羅。実績はPCやタイムレコーダー、スマホなどから入力可能なため、テレワークなどの働き方にも柔軟に対応します。

◎導入後に期待できること

1. 単純作業にかかる人員コストの削減

決裁のたびに発生していた単純作業が自動化されるため、残業などによる人員コストの削減が期待できます。

2. 入力ミスをなくしハイクオリティな業務へ

ひな形やコピー機能、自動計算により入力ミスが減る上、記入漏れや矛盾はシステムがチェック。そのため単純な差戻しが減り、業務の質が向上します。

3. イレギュラーな書類にも素早く対応

交通費など頻繁に使用する申請書類ではない、ライフイベントなどに関する特別な申請の場合にも、質問に答えるだけで書類が作成できます。

◎料金プラン（公式サイトより）

MAJOR FLOW Z CLOUD 経費精算

初期費用：5 万円　基本料金（50 ユーザーまで）：3 万円／月額

追加料金（50 ユーザー）：1 万円／月額

MAJOR FLOW Z CLOUD ワークフロー

初期費用：5 万円　基本料金（50 ユーザーまで）：3 万円／月額

追加料金（50 ユーザー）：1 万 5000 円／月額

MAJOR FLOW Z CLOUD 就業管理

初期費用：5 万円　基本料金（50 ユーザーまで）：3 万円／月額

追加料金（50 ユーザー）：1 万 5000 円／月額

※記載の料金は税抜表記です。
※最低契約数は 50 ユーザーから、追加ユーザー単位は 50 ユーザーとなります。
※契約期間は月または年単位となり、初回ご利用月のみ別途初期費用が必要となります。
※製品・サービス等の詳細は下記ウェブサイトでご確認いただくか、直接各社へ問い合わせてください。

問 パナソニック ネットソリューションズ株式会社　http://pnets.panasonic.co.jp/

3.5 導入数60万件を誇る「Shachihata Cloud」とは

老舗が生み出した電子印鑑ビジネス

まだまだ“新しい”市場は拡大の予感

「シヤチハタ」と聞いて、あなたはなにを思い出しますか。ほとんどの人は朱肉やスタンプ台のいらない「名字を押すためのハンコ(ネーム印)」を思い出すのではないでしょうか？　もしかしたら、あなたの会社の引き出しにも入っているかもしれませんね。

ちなみに、日本人の多くが知っている「シヤチハタ」という呼び名ですが、実際には社名であり、商品名ではありません。

さて、ハンコの代名詞ともいうべき「シヤチハタ」ですが、今後は大きくイメージが変わるかもしれません。それは、「電子印鑑ならシヤチハタ」という企業、人が増えているからです。今回の新型コロナウイルス感染症の拡大によって、急速にテレワークや在宅勤務が叫ばれ始めましたが、その導入のために最も重要なサービスともいえる電子印鑑を、シヤチハタ株式会社では1990年代から研究を開始し、1995年にはサービスを提供し始めており、すでに実績は25年以上になります。当初はパッケージ製品のソフトウェアでしたが、2020年にはクラウド版「Shachihata Cloud（シヤチハタ クラウド)」のサービス提供を開始。ネーム印の老舗であることへの信頼性もあって、導入数はすでに60万件を超え、利用者の契約継続率は97%※1という驚異的な数字を示しています。電子印鑑という概念そのものが日本社会への普及途上であることを考えると、Shachihata Cloudはビジネスとしても、まだまだ“新しい”ということができ、その市場は今後、ますます拡大していくことでしょう。

※1いずれも2020年12月末現在。シヤチハタ株式会社による。

Shachihata Cloud の特長

メールアドレスさえあればすぐに使える

Shachihata Cloud は、現代のビジネスマンにとって理想的なリモートツールになるかもしれません。これまで社内でおこなっていた承認のためのワークフロー、たとえば、複数の上司の捺印をもらうなどのプロセスを、パソコンやスマートフォンでも簡単に、しかも、スピーディにできるようになるのです。上司も部下も「どこにいても業務が可能」になり、会社がテレワークを一気に導入したとしても、業務が滞ることがありません。

利用方法も簡単で、ID（メールアドレス）さえあれば、すぐに利用できます。また、PDF による承認フローになるので、OS やデバイスを選びません。

Shachihata Cloud はブラウザで操作することができるので、テレワークでも承認フローが滞ることがない。

①ビジネスプロセスそのまんま（BPS）

稟議書や申請書といった社内文書の承認には、電子印鑑対応ワークフローシステムを使って、これまでの手順を変えることなく電子的に「捺印」できます。つまり、捺印というビジネスプロセスをそのままおこなうことができるのです。

社員それぞれの氏名印、日付印のほかに、社印（角印）などのオリジナル印面も捺印可能です。フローの中では、コメントもやり取りもできます。

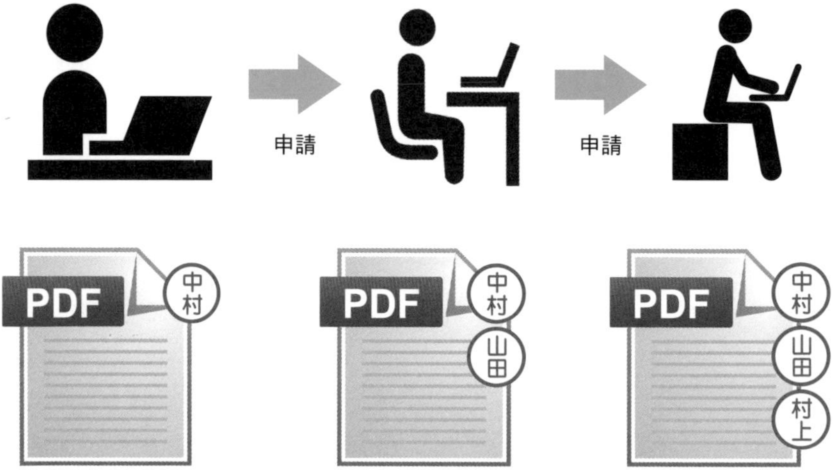

②簡単操作

操作はとても簡単で、一度体験すれば誰でもスムーズにこなすことができます。

たとえば、捺印の場合は、クリックすれば印影が表示され、位置を確定した後、再度クリックすれば捺印完了です。また、文書（PDF ファイル）に押された印影をクリックするとブラウザで捺印履歴を確認できます。このように、直感的に操作できるので社員教育は不要です。社内でマニュアルを作成したり、サポートのための担当者を置いたりする必要もありません。

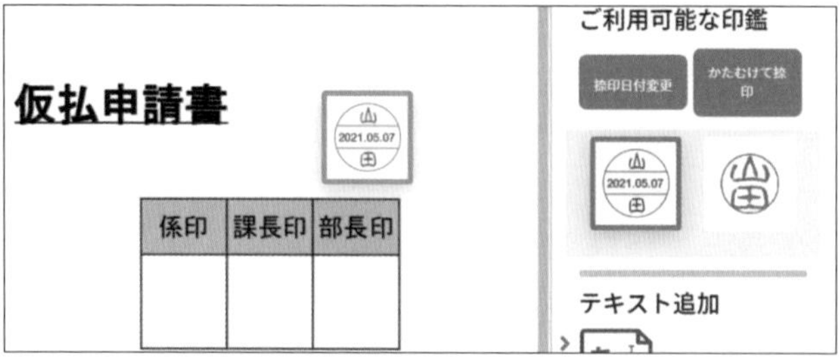

③初期費用無料・ランニングも低コスト

Shachihata Cloudの初期費用は無料です。設定費、登録費といった費用も一切かかりません。ランニングコストとしては、1印鑑110円（税込み）／月額が基本。使用する印鑑の数で料金が決まるので、予算化するときも明確です。

	印鑑数	初期費用	1印鑑あたり	年額	備考
Standard版	10個	無料	¥110	10個×110円×12箇月 ¥13200	申込みは 10個単位 請求は年単位
Business版			¥330	10個×330円×12箇月 ¥39600	

※料金はいずれも税込み

主な機能

Standard版	Business版
・PDF変換機能（対象：Word　Excel） ・アドレス帳 ・回覧ルートお気に入り機能 ・組織階層作成 / 管理 ・ファイル保存(1年間) ・添付ファイル機能 ※最大5ファイルまで登録可能 ※回覧途中の追加・削除も可 ・スマホネイティブアプリ ・BOX自動保存 110円（税込み）/ 1ユーザー	Standard版に以下の機能が追加 ・添付ファイル機能 ※社内回覧専用設定（社外非表示） ・2要素認証 ・IPアドレス制限 ・SAML認証 110円（税込み）/1ユーザー ・タイムスタンプ署名 3300円（税込み）/ 月100回まで ・BOX自動保存　無料

Shachihata Cloudでは、最大30日間の利用料金がかからない「無料トライアル」を実施しています。登録するとBusiness版を利用することができるので、本契約の前にいろいろと試しておくことができます。また、複数人の印面を登録できるので、それぞれの意見を集約してもいいでしょう。

※登録方法などは、第四章で詳しく説明しています。

④業務の効率化

社員は、日常的に使用しているブラウザやWord・Excelといったアプリケーションをそのまま使うことができます。元の文書のファイル形式を変える必要はなく、そのままブラウザにドラッグし、アップロードすれば自動的にPDFに変換されるのです。

慣れたWord・Excelをそのまま使うことができ、さらには、ブラウザを開くだけなので、利用開始日には、すぐに多くの社員が使い始めることでしょう。

また、パソコンだけでなく、スマートフォンやタブレットPCでも使うことができるので、1人ひとりの仕事はもちろん、部署全体、会社全体の仕事がスピーディになります。「申請や承認のためハンコ出社」「プリントアウト → 捺印 → 再びスキャンして電子化→メールなどで送信」といった手間のかかる仕事はもう終わりです。テレワークの実現やペーパーレス化によって、効率アップが体感できるでしょう。

マルチデバイス対応

利用者が増える理由はほかにもある

Shachihata Cloudをさらに詳しく見てみると、利用者を急激に増やしている理由が見えてきました。

取引先の担当者もゲストユーザーとして利用可能

Shachihata Cloudに契約することなく､誰でも利用することができます。もちろん、利用料は無料なので、取引先の担当者もプロジェクトの関係者も、多くの人に同時に文書の確認をお願いできます。氏名印を使って承認することもできるので、書類を提出するような業務や、見積書などやり取りが一気にラクになります。

ログが残せて安心

印影をクリックすれば「誰が」「いつ」捺印し、承認したのかを確認することができます。トラブルが減り、安心して業務を進めることができます。

管理者による運用管理が可能

印鑑は、すべて管理者によって登録・削除されます。また、操作履歴や回覧ファイルの確認、各種の制限などは、社内ルールに応じて管理者だけが設定することができ、安全な運用が可能です。そのため、社員が増えても減っても、すぐに対応可能です。

電子印鑑事業の長い歴史

1995年からサービス提供をスタートさせています。そこから蓄積された多くのノウハウが活かされており、シンプルなサービスの中に、ニーズの高い機能や高度な技術が詰め込まれています。

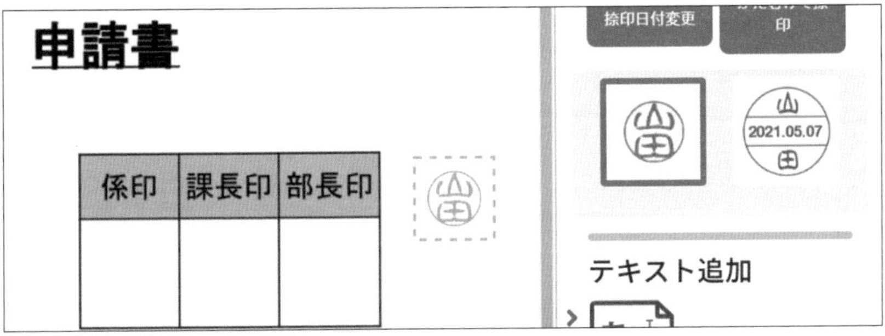

なぜ、人気NO.1なのか

Shachihata Cloud 誕生秘話

デジタル社会への対応

ビジネスパースンを対象とした調査で

「リモートワークで利用したいビジネスツールのNO.1※1」に

選ばれたShachihata Cloud。

ここまでの高評価を得るまでには、

長い年月と、企業としてのチャレンジ&葛藤がありました。

※1 リンクアンドパートナーズ調べ（インターネット調べ/電子印鑑サービス10社を対象にしたサイト比較イメージ調査/期間:2021年3月2日～3日/対象:20代～50代の全国の男女ビジネスパーソン1014名）

最先端を走り続けて

Shachihata Cloudの前身となる電子印鑑のパッケージ版は、1994年12月の展示会で発表されました。「Windows95」が発売される少し前で、パソコンにはまだハードディスクも搭載されていない時期です。ただ、テクノロジーそのものは未来を予見させるに十分であり、この頃から「将来的に文書のOA化が進む」といわれ始めていました。

当時、シヤチハタ社内では「OA化が進んだら紙がなくなって、ハンコはどうなるんだ」という不安の声も上がりましたが、デジタル化の波に抗うことはできません。むしろ積極的に企業としてなにができるかを模索した結果、「これからはパソコンの中で決裁する時代だ」と、社内ネットワーク上で電子文書に押す承認印のサービスを開始しました。電子印鑑システム「パソコン決裁」です。しかし、問い合わせや引き合いは多いのですが売り上げは伸びません。まだ、電子決裁という概念が理解されてはいませんでした。

長い苦悩の時期

2002年頃になっても、社会には電子決裁の概念は広まっていませんでした。「電子契約だと印紙税を払わなくていい」といったところには注目が集まるのですが、電子決裁の最大のメリットである「業務の効率アップ」や「利便性」については、なかなか理解されませんでした。

もう1つ、大きな問題がありました。当時の電子契約では、双方が同じ環境を整える必要があったのです。何百という協力会社を抱えている元請け会社が、全体の3割の協力会社と電子契約できたとしても、残りの7割とは紙の契約のまま進まない。結果的には二重管理になってしまうなどの不都合もありました。長らくそんな時期が続きました。

クラウドへの舵取り

iPhoneが登場した2007年頃、顧客からの声を受けスマートフォンで使える電子印鑑を発売しましたが、あまり売れませんでした。そんな苦境の中、一筋の光明がさします。米国の企業と提携し、ワークフローのクラウド化を試したところ、市場からとてもいい反応が返って来たのです。ようやく、電子決裁やクラウドサービスが理解され始めたようです。

それ以降は、通信環境も強化され、端末の性能も上がり、徐々にクラウドがビジネスになりうる土壌ができてきました。

メールより簡単な回覧ツールを目指して

それからの課題は、「どうすればクラウドへの抵抗感を無くし、利便性を感じてもらえるか」でした。あるイベント会場で開発担当者が「基幹システムとしてのワークフローは完成している。でも、それ以外の紙の申請書が山ほどある。それを電子化できないからペーパーレス化を実現できない」という顧客の声を聞きつけます。そして、「メールより簡単な回覧ツール」を提供すれば、それらの問題をクリアできるということに気付きます。

そこで「シンプルで、すべての動作が使いやすいものをつくろう」となりますが、なかなか上手くいかず、人によっては拒否反応を示すようなものが出来てしまいます。しかし、それでは意味はありません。試行錯誤を繰り返し、根本的に「使いやすさ」を考え直す必要がありました。

そして出来がったのがShachihata Cloudです。

これまでは新しいシステムを導入するときには、専用のサポートシステムを作らなければなりませんでしたが、Shachihata Cloudは、「なにもなくても使える」ように設計しました。それが、社内フローを変えなくても電子化できる仕組みだったのです。日本には印鑑で認証する文化があったので、それをデジタルに置き換えただけだというコンセプトがこのサービスの強みとなりました。

自己否定したから今がある

シヤチハタは、ネーム印やスタンプが主力商品なのに、なぜ電子印鑑という自分の首を絞めるようなものに取り組んできたのでしょうか？　そこには、危機感がありました。

起業当初の主力製品はスタンプ台でしたが、当時のスタンプ台はインキがすぐに乾いてしまうので、使うたびにインキを染み込ませていました。そこで、インキを補充せずに連続して捺印できる画期的な商品を開発。その後、スタンプ台のいらないインキ浸透印を発売しますが、これも「いちいちスタンプ台を使ってハンコを押すのは非効率」という発想が出発点でした。常に新しい便利なものをつくることで、現在のシヤチハタの主力製品が出来上がっているのです。

電子印鑑も同様です。極端にいえば、「電子印鑑はネーム印を否定するもの」ともいえます。しかし、それでもパソコンの登場でデジタルの可能性を感じ、「もしかしたら紙が無くなるかもしれない」という危機感から、電子印鑑の開発は始まっています。そして現在、「ハンコはシヤチハタ」といった時代から、「電子印鑑はシヤチハタ」という認識への変化が始まっているのです。

利用者の声

まずは、承認印を押すのが劇的にラクになりました。
手にうっかり朱肉がついてしまうこともなくなって、部員はみんな喜んでいます。

導入前にワークフローの見直しをおこない、社員に対するアンケートを実施したことで抵抗はありませんでした。
むしろ積極的に協力してくれる社員が多いと感じています。
スムーズに導入できた印象です。

社内の各部署から申請書が回ってきますが、紙のファイリングが不要になったので、作業時間が短縮され、保管そのものが劇的にラクになりました。
過去の重要書類をデジタル保存する作業も始まっています。

ほとんどの管理職のスマホに専用アプリを入れました。
どこにいても押印ができるようになり、管理職たちが「テレワークの機会が増えた」と喜んでいます。

先に取引先が導入し、見積もりを確認しました。
ダウンロードしてパソコンに保存してあります。
今後は、自分もやってみようと思っています。

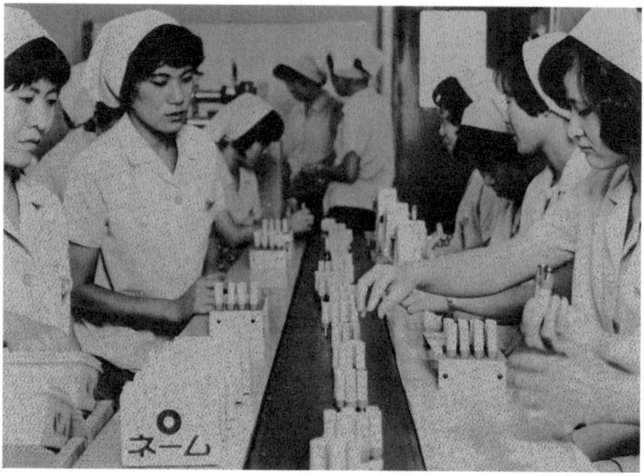

ネーム印仕上げライン。

業務の効率化をソリューションで支える
シヤチハタの歴史

シヤチハタ株式会社。唐沢寿明さんのインパクトあるテレビ CM から、いまやデジタル分野の電子印鑑においてもシヤチハタが浸透しているが、やはりシヤチハタといえば朱肉やスタンプ台がなくても押せる、あの「シヤチハタ印」。この商品の誕生には、構想から 10 年以上もの研究開発期間を要したという。4 年後に創業 100 年を迎える同社は、創業時から独自の研究開発で他社にないさまざまな商品を提供し続けてきた。それは課題解決型、いわゆるソリューションの歴史ともいえそうだ。そこで、過去の製品、サービスから、同社のソリューション史を振り返ってみた。

シヤチハタの創業は、愛知県出身の舟橋金造・高次兄弟が「万年スタンプ台」を開発・発売した 1925 年に遡る。当時、創業者の２人は配置薬業に携わっており、その仕事柄、非常に多くの薬袋に押印していたが、当時のスタンプ台は水溶性のインクを使用していたため表面からの蒸発が早く、使うたびにインクを補充する必要があった。そこで補充の手間のかからないスタンプ台を開発しようと着想し、独自に研究に取り組み誕生させたのがこの万年スタンプ台。インクにグリセリンを配合することで空気中の水分を吸収し乾きづらくしたのだ。

現在の名古屋市中区にあった創業間もないころの社屋。「万年スタンプ台」の文字がみえる。

当時の「万年スタンプ台」。日の丸に鯱のシンボルマークが入れられている。

とはいえ、今までにない商品なので、すぐには市場に受け入れられなかった。そこで考えついたのは銀行、大企業、郵便局、警察などの大口ユーザへの試用販売。商品を貸し出しては「何箇月使った。それでもまだ使える」という証明書をもらい、販売店の信用を獲得し売り上げを伸ばしていった。

時は、日本が高度経済成長期を迎えるころ。企業間の競争は激化、事務系労働者の仕事量もうなぎ上り。各企業も仕事のスピードアップが求められる時代となった。事務の合理化が進めば、スタンプ台を使う機会が減り、スタンプ台は無くなるのではという危機感から「スタンプ台のいらないハンコ」の概念が誕生した。スタンプ台を使わずに印が押せれば、ひと手間省ける。たったひと手間かもしれないが、長い目でみると大変な業務省力化につながる。一方で、スタンプ台というこれまでの主力商品を否定するような商品の開発だ。しかし、彼等は積極果敢に挑んでいった。開発には、印面部分から適量のインクが染みだしてくる微細な孔が無数にある特殊なゴム素材に加え、その微細な孔に詰まらない専用のインクの開発が不可欠となる。同社技術陣がさまざまな試行錯誤を経て独自の技術を確立し誕生したのが「X スタンパー」だ。開発に着手してから 10 余年後の 65 年のことである。この姉妹品として 1968 年に市場投入したのが朱肉の要らないハンコ「X スタンパー ネーム」、現在の「ネーム９」へと続く商品だ。

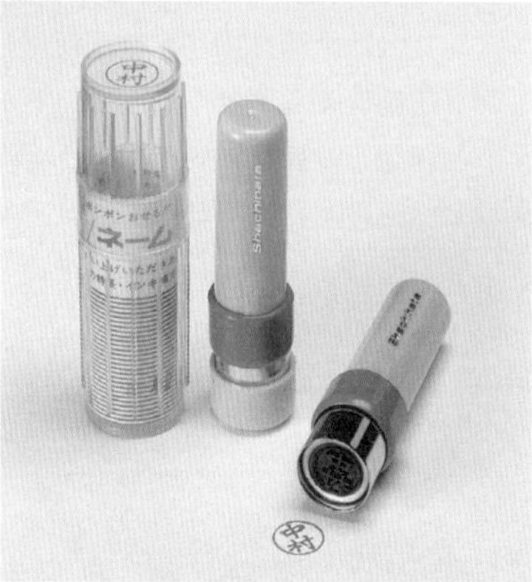

1968 年の発売当時の「シヤチハタ ネーム」。

現在のネーム9の断面図。この図からもわかるように、押印部のゴムには無数の孔が空いており、そこから適量のインクが染み出る機構となっている。

そんな満を持しての新商品であったが発売当初は、インクが滲む、経年変化で朱色がピンクに変色するなど、さまざまな課題が浮き彫りとなり、販売は期待通りには推移せず営業所には在庫の山が生まれた。しかし、ユーザから寄せられたそのようなクレームにシヤチハタの技術陣は奮起、それらの課題は解決へと向かった。そして次第にその便利さが受け入れられるようになりじわじわ浸透してゆく。使う側から寄せられたクレームにも技術で応え、信頼感を醸成するのも現在まで続くシヤチハタのスタイルなのかもしれない。

そして、1970 年の大阪万博が大きな契機となり、シヤチハタの名前は一気に全国区となる。同社は日本企業 32 社と協力してパビリオン「生活産業館」に出展するとともに、各パビリオンに来場記念スタンプとして X スタンパーを売り込んだのだ。この時点ですでに2色、3色の押印が達成されており、デザインの自由度も高まったことから注目され、多くのパビリオンに採用された。万博を訪れた来場者は、不思議なスタンプを集めようと我先にとスタンプの場所に駆け付ける盛況ぶりとなったのだ。

1970 年の大阪万博のシヤチハタブース。多くのパビリオンに X スタンパーの記念スタンプが設置された。

万博出展など、この時代のシヤチハタのマーケティング活動は、会社の規模に比して強気ともいえるものだ。しかし、結果として全国に多くのユーザを獲得できたことに違いはない。当時社長となっていた高次のリーダーシップとチャレンジ精神が思い切りのいい宣伝活動を推進したのかもしれない。同社の宣伝活動を語る上で忘れてはいけないのが、人気キャラクターを活用したブランディングだ。1960年代は、一世を風靡したお笑い3人組・てんぷくトリオ、1970年代から1980年代のかけては、当時ファミリー層に絶大な人気を誇った俳優の大野しげひさ氏を採用。これらキャラクター戦略がビジネスシーンから家庭の中まで「シヤチハタ＝朱肉の要らないハンコ」というイメージが浸透する道筋となったことは異論を差しはさむ余地のないところだ。

一方、店頭のマーケティング活動においては、ひと目でそれとわかる専用のディスプレー「ネームタワー」をつくり文具店、印章店や百貨店に設置、誰もが求めやすい環境を作り出すことに成功する。いずれにせよ、マーケティングもあくまで「顧客目線」なのだ。今日までネーム9シリーズ累計販売数1億8500万本、市場シェア率80%以上という数字は伊達ではないのである。

人気タレント・大野しげひさ氏は、その当時のまさにシヤチハタの「顔」といえる。

さて、このようにシヤチハタの商品は全国津々浦々まで行きわたるようになったが、意外なところでもその技術が活きている。たとえば、工業用として金属やガラス、皮など多様な素材に押印できるスタンプや、冷凍庫の中でも押印できるスタンプなど、業務効率化を望む顧客のさまざまなニーズに対応する製品の開発も手掛けている。

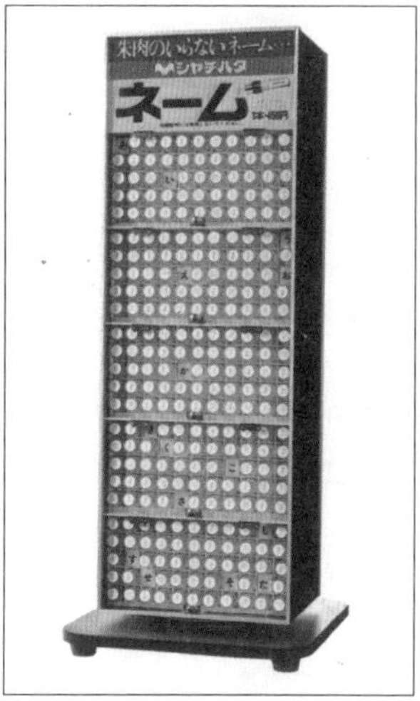

店頭に設置された「ネームタワー」。

さらに、同社ならではの面白商品として昨今人気なのが「手洗い練習スタンプ おててポン」。近年のコロナ禍において、手洗いの徹底は必須。ただ、小さな子供たちにそれをしっかり理解させることには苦労を要する。そこでこのスタンプの登場となる。このスタンプを手洗い前に手に押すとバイキンのイラストが付く。これが落ちるまでしっかり手を洗おう、と指導すれば、小さな子供でも最後までしっかり手を洗う、という仕掛けなのだ。コロナ禍で業績が振るわない企業が多い中、それを逆手にとってのこのような商品の開発は、押印の可能性を独自の技術で広げてきた同社らしさの現れといえよう。

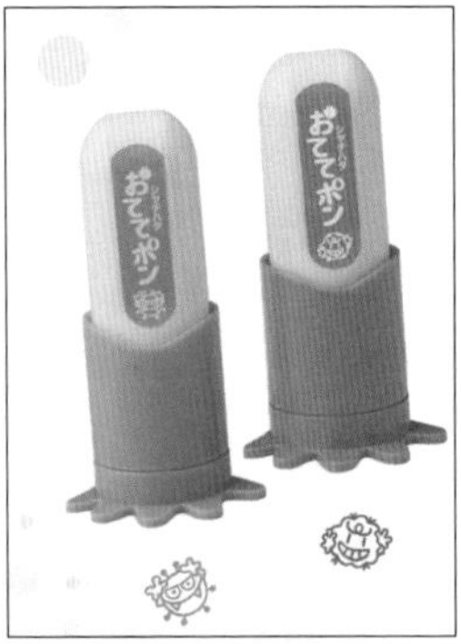

コロナ禍で注目される「手洗い練習スタンプ おててポン」。

シヤチハタは、実のところケミカル系に強みを持つメーカーでもある。大学などの研究機関との共同研究にも積極的に取り組んでいる。

コロナ禍といえば、昨今の業務のDX化の流れと相まって、広く注目されているサービスの1つが本書でも大きく取り上げている「電子印鑑」だ。シヤチハタが次代の柱として1995年から育ててきたもので、パソコンが急速に普及し、オフィス内での事務業務の電子化が加速すると踏んでの取り組みだ。「パソコン決裁」として登場させたこのサービスも、かつて創業者が看板商品であったスタンプ台を否定したのと類似した発想といえる。電子印鑑についての解説は他章に譲るとして、ここでお伝えしたいのは、このような取り組みこそ過去の成功に安どすることなく、世の中の流れと顧客の声に向き合いながら、独自の発想と技術開発で道を切り開いてきたシヤチハタならでは、ということだ。仕事の効率化という顧客の課題を独自の発想と技術で解決するという、創業者2人のビジネススピリットは、今もしっかりと引き継がれているようだ。

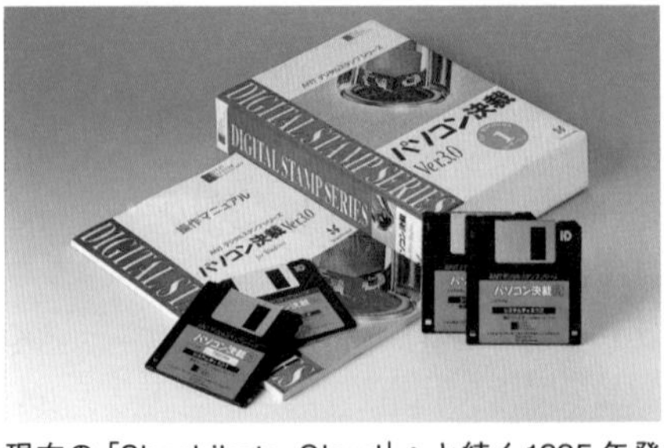

現在の「Shachihata Cloud」へと続く1995年発売の「パソコン決裁」(写真は1997年当時のもの)。

第四章

かんたん便利！ Shachihata Cloud 導入ガイド

まずは無料トライアルから

4.1 5分でできる氏名印

管理者登録する

試用後、本契約に移行

Shachihata Cloudは、最大30日間、無料でトライアルできます。試してみた結果、継続して利用するのであれば、そのまま本契約へ移行します。トライアル期間中は、Business版と同じ機能を使うことができ、登録する印鑑数も無制限なので、起業で採用するのなら複数人で登録して試してみるといいでしょう。本格導入する前に、まずは無料トライアルです。※紹介する画面は変更される場合があります。

情報入力する

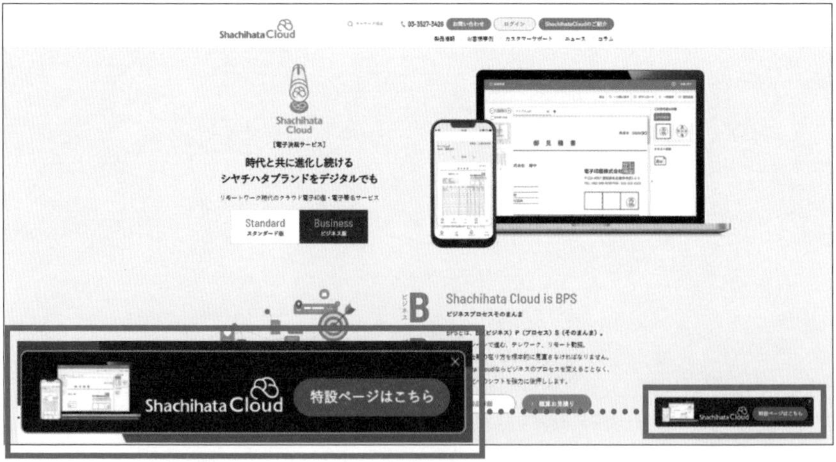

まずは、登録から開始します。Shachihata Cloudのトップページを開いてください。

トップページ→ https://dstmp.shachihata.co.jp/

① 画面を下方向にスクロール。

❗ 特設ページでは、Shachihata Cloudの詳しい説明を見ることができます。

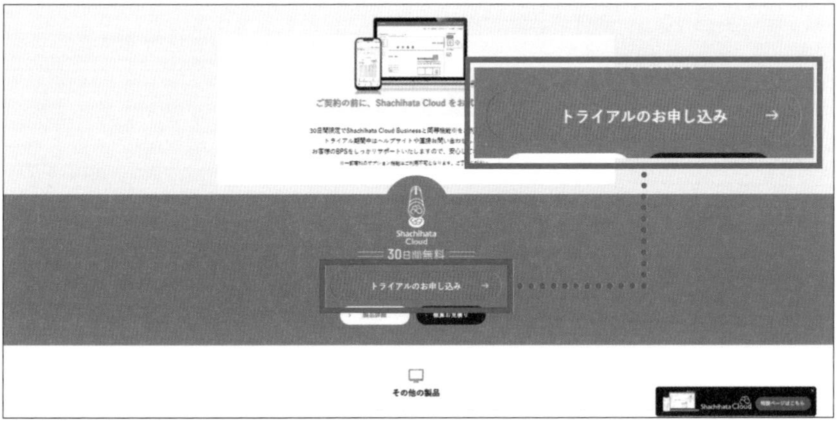

登録情報を入力するページに移動します。

②【トライアルのお申し込み】をクリック。

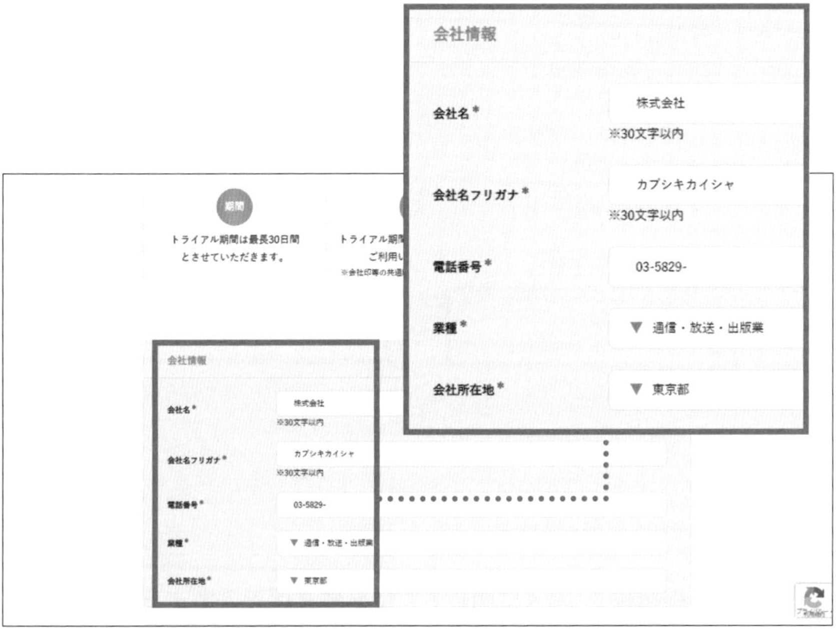

入力画面に変わります。ここでは、「会社情報」「ご担当者様情報」「導入に関して」の3つのブロックに入力していきます。

③「会社情報」に入力する。

「ご担当者様情報」

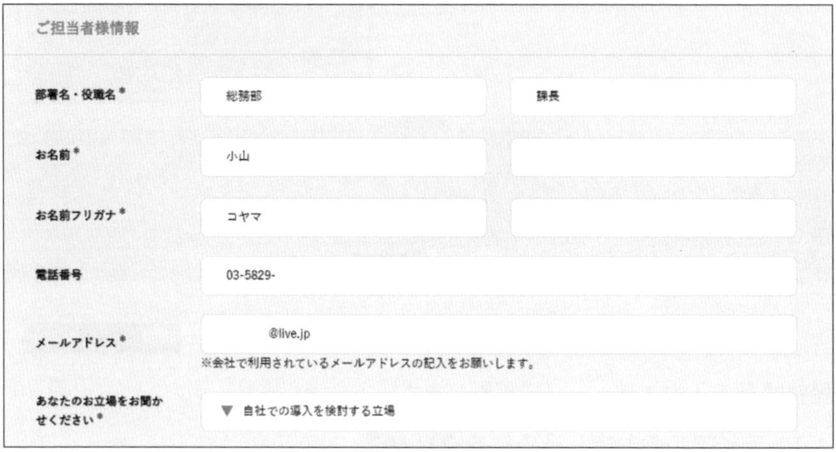

ご担当者様情報		
部署名・役職名 *	総務部	課長
お名前 *	小山	
お名前フリガナ *	コヤマ	
電話番号	03-5829-	
メールアドレス *	@live.jp ※会社で利用されているメールアドレスの記入をお願いします。	
あなたのお立場をお聞かせください *	▼ 自社での導入を検討する立場	

「導入に関して」

導入に関して	
パソコン決裁Cloudのご利用状況 *	▼ 利用していない ※すでにパソコン決裁Cloud Corporate版（無料トライアル含む）をご利用されており、今回新たに最新エディションの試用をご希望されている場合は「利用している」をご選択ください。
解決したい課題	▼ 業務効率化
印鑑数 *	10 ・・・・・・ 印鑑数は 10 個単位です ※印鑑数は10個単位となります。
利用ドメイン ⓘ	live.jp

1 メルマガ配信希望

☑ 今後、当社からのお知らせや商品に関する広告メールを受け取ることを希望します。
（希望されない場合はチェックを外してください）

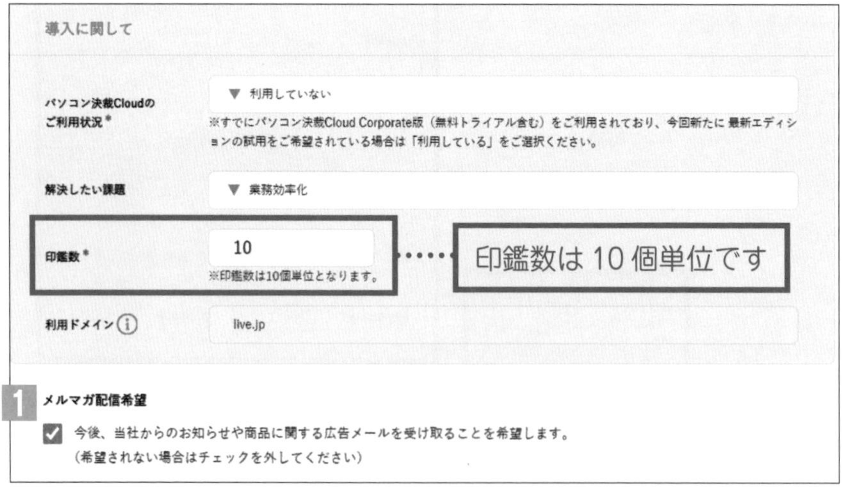

④「ご担当者様情報」「導入に関して」に必要事項を入力する。

❗ **1** の「メルマガ配信希望」にチェックを付けると、Shachihata Cloud からのお知らせメールを受信するようになります。

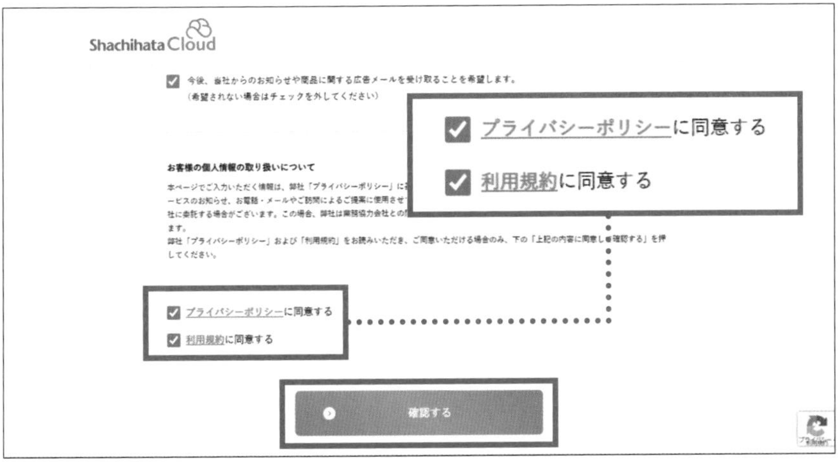

画面最下部にある「プライバシーポリシー」「利用規約」を確認してください。

① **【プライバシーポリシーに同意する】と【利用規約に同意する】にチェックを付け、【確認する】をクリック。**

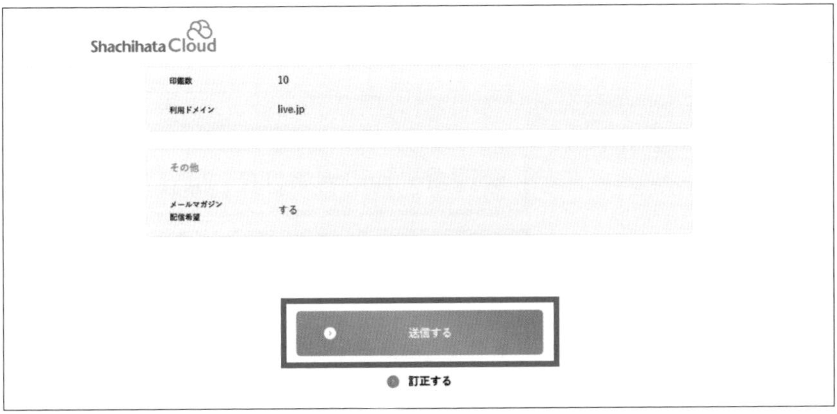

② **入力した内容をよく確認し、画面下部の【送信する】をクリック。**

❗ 訂正する場合は、【訂正する】をクリックしてください。前の画面に戻ります。

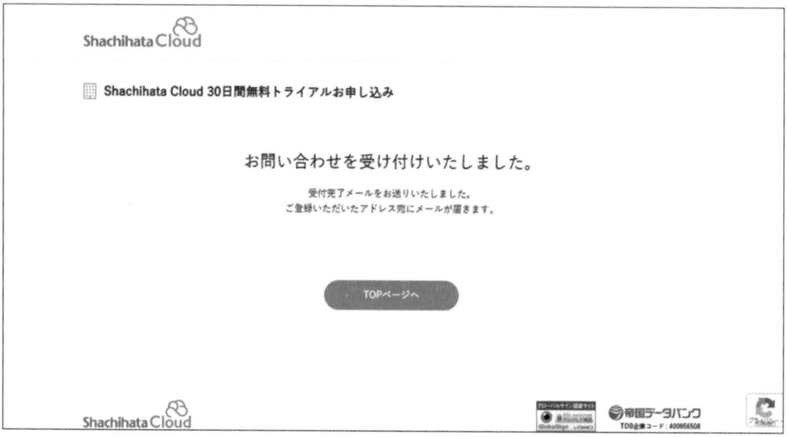

申し込みが完了します。

メールが送られてくる

しばらくすると、Shachihata Cloud からメールが送られてきます。「トライアル開始の案内」のほかに、「管理者アカウント」と「利用者アカウント」それぞれの初期パスワードが記載されたメールの計3通です。

Shachihata Cloud では、ユーザ登録が「管理者」と「利用者」の2つに分かれていて、利用するサイトも異なります。

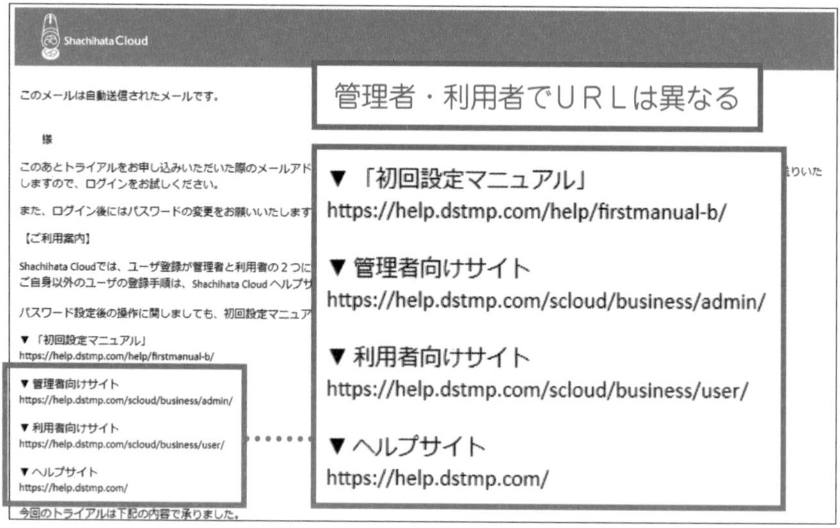

管理者アカウントを作成する

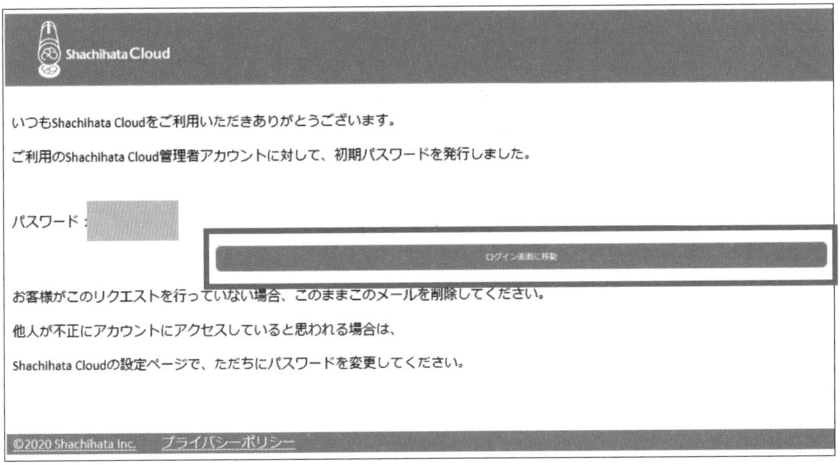

① 送られてきた「管理者初期パスワード発行のお知らせ」メールを開き、【ログイン画面に移動】をクリック。

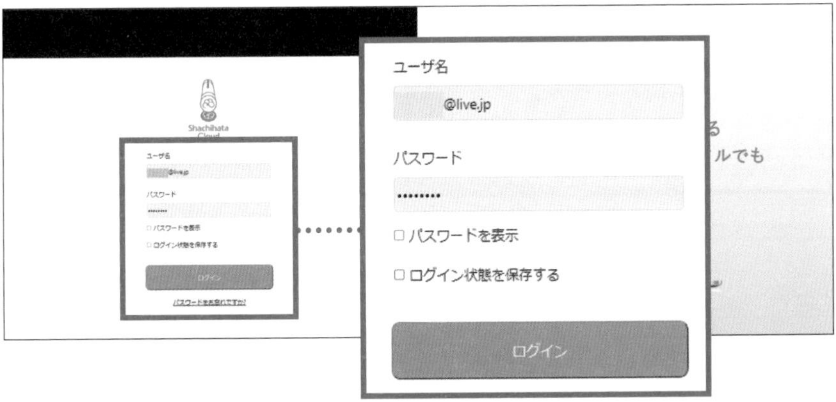

ログイン画面が開きます。

②【ユーザ名】に登録したメールアドレス、【パスワード】には、メールに記載されている初期パスワードを入力する。

❗ パスワードは、メールからコピーしましょう。また、直接入力する場合は【パスワードを表示】にチェックを付けると入力しやすくなります。

③【ログイン】をクリック。

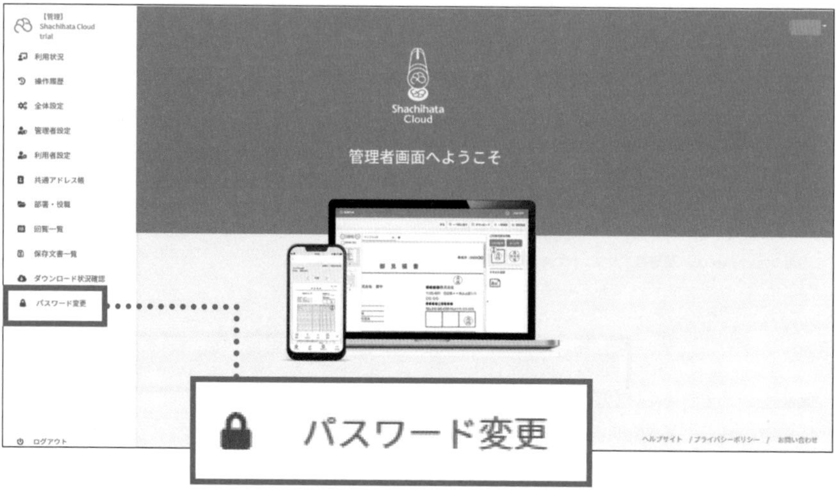

ログインします。
はじめに、パスワードを変更しましょう。

①【パスワード変更】をクリック。

❗ マウスポインターを画面の左側に近づけると、メニューが現れます。

②「新しいパスワード」を2箇所に入力し、【登録】をクリック。

パスワードが変更され、変更に関するメールが Shachihata Cloud から届きます。

❗ パスワードは、4～32 文字の半角英数字。記号を使用できますが、必ず英字と数字を含めてください。英字の大文字と小文字は区別されます。
（設定例）@shachihata1234，#1234shachihata など

利用者アカウントを登録する

管理者は、利用する人の登録やパスワードのルールの設定、電子署名付加など各種の設定をおこないますが、管理者自身が利用者として利用する場合も、「利用者登録」する必要があります。

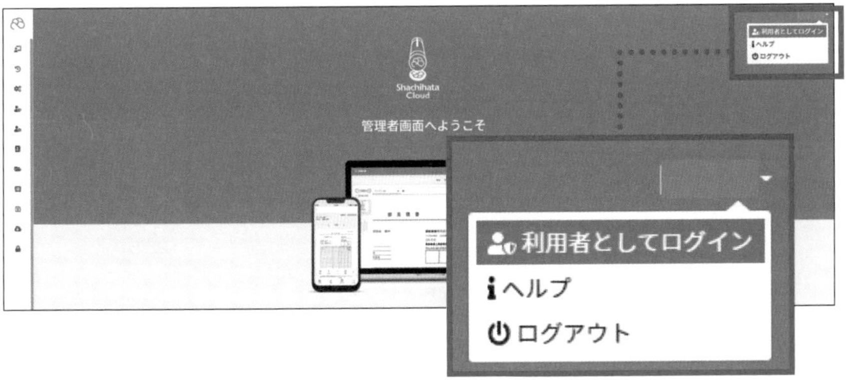

管理者アカウントでログインした状態からは、画面右上からログインできます。初めて利用者アカウントにログインするときは、メールで送られてきた初期パスワードを使ってログインします

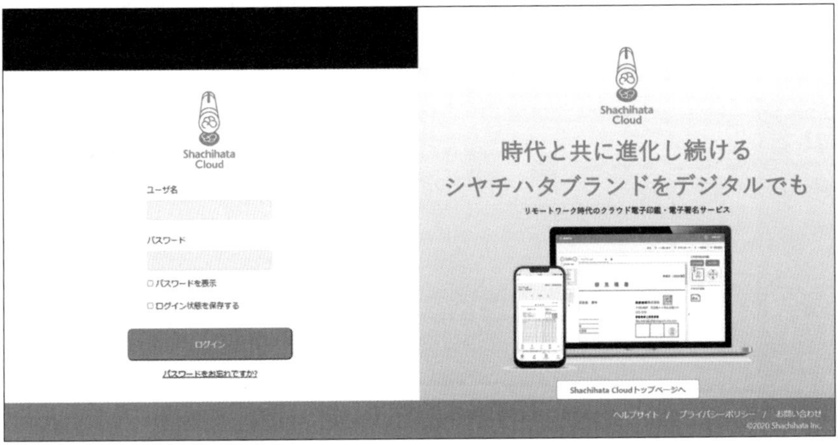

「パスワード発行のお知らせ」メールの【ログイン画面に移動】からもログインできます。

❗ 管理者のメールアドレスと同じメールアドレスで登録可能です。

電子印鑑を押してみる

氏名の印影は、利用者としてログインすると自動的に出来上がります。まずは、試しに押してみましょう。

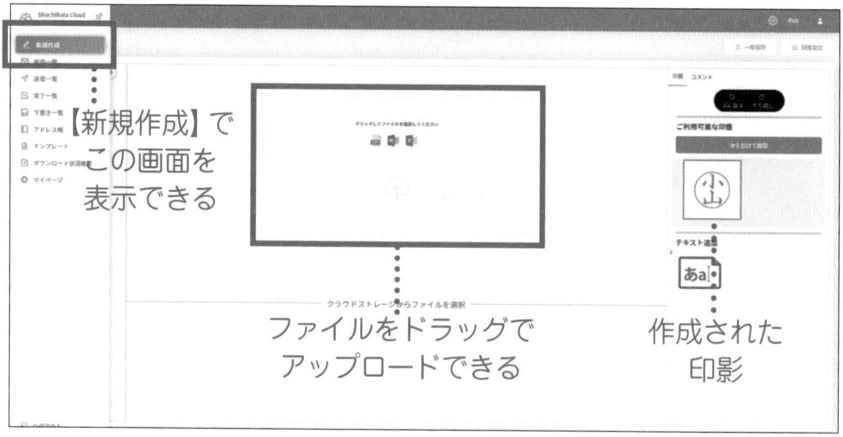
【新規作成】でこの画面を表示できる
ファイルをドラッグでアップロードできる
作成された印影

ここでは、ファイルをアップロードして、押印してみます。

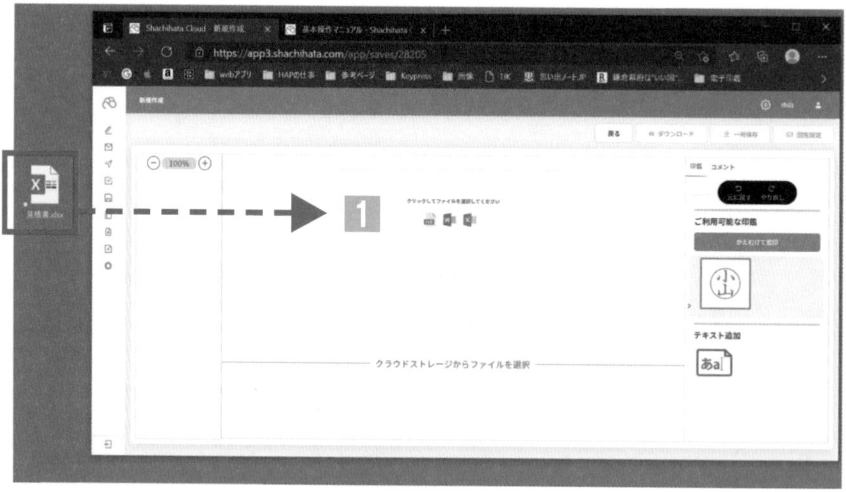
1

① **保存されているファイルを 1 にドラッグ。**

ファイルは PDF、Word、Excel のいずれかをアップロードします。Word、Excel のファイルは、自動的に PDF に変換されます。

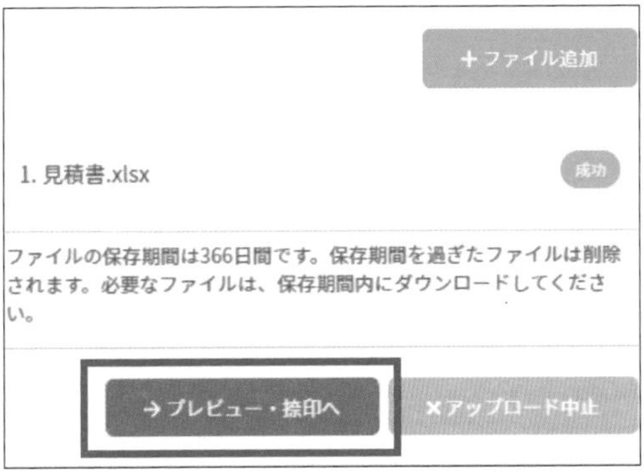

②【プレビュー・捺印へ】をクリック。

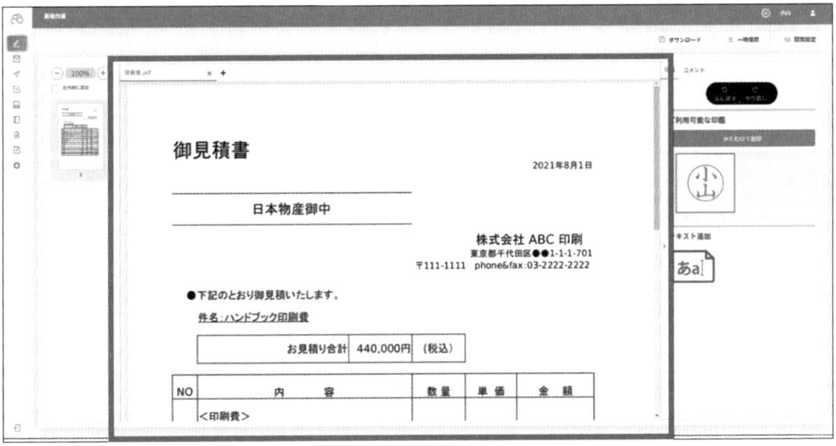

アップロードされます。

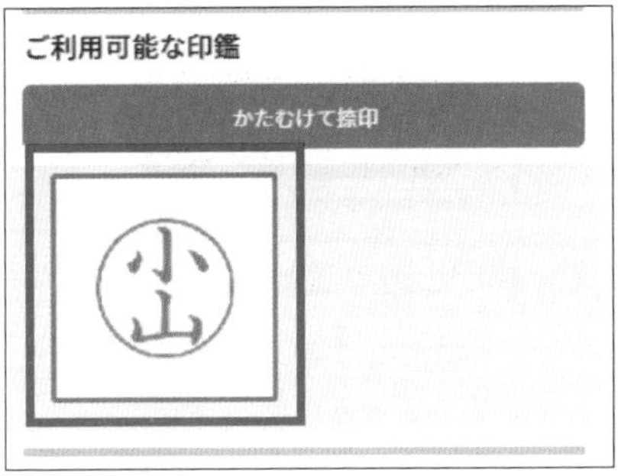

③印影をクリックして、選択する。

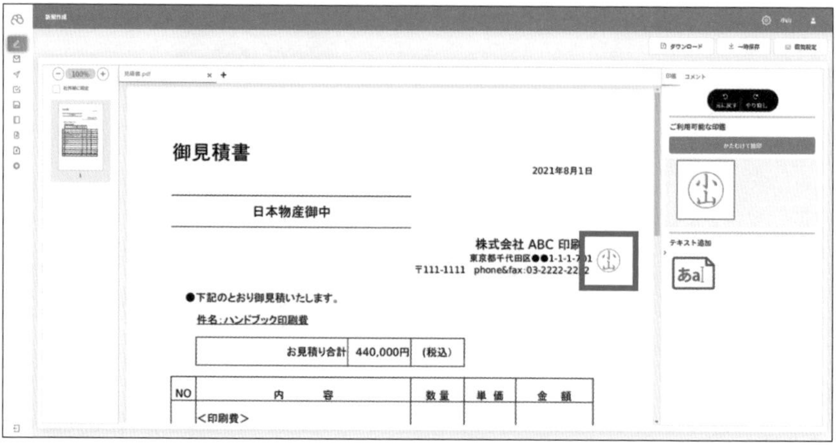

④ **捺印したい位置でクリックし、青い点線で囲まれた印影が現れたら、再度クリック。**

押印されます。

❗ 青い点線が表示されている間はドラッグで位置を調整することができます。

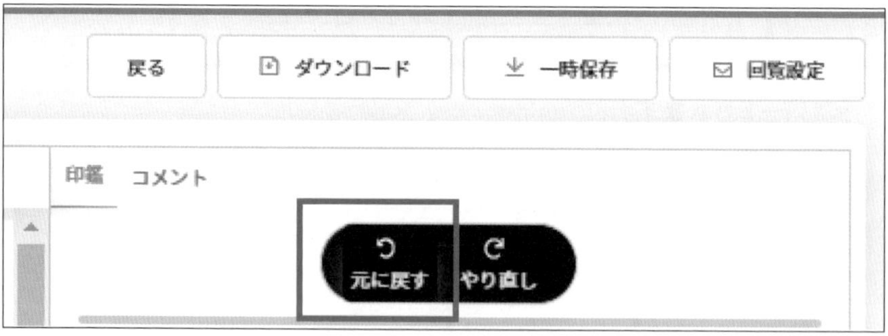

❗【元に戻す】ボタンで、捺印し直すことができます。

管理者の初期設定

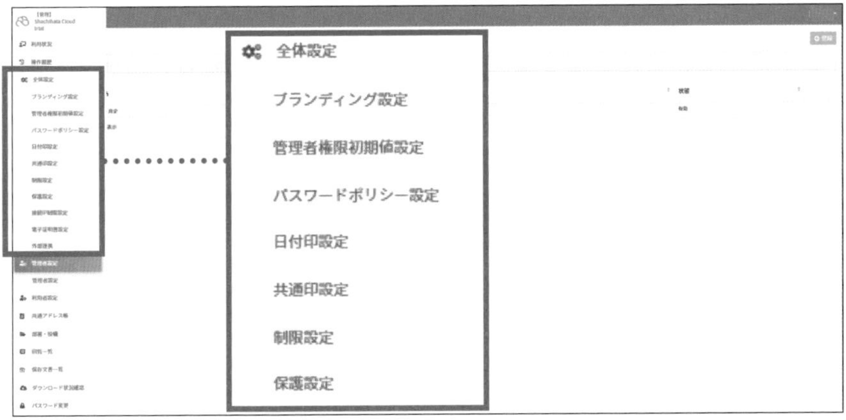

管理者はメニューの【全体設定】から、さまざまな設定ができます。

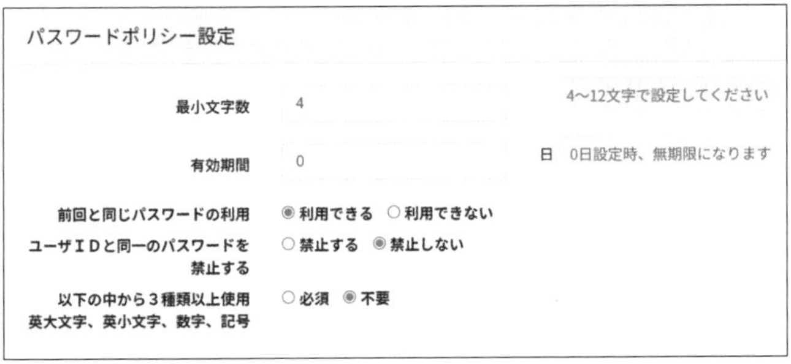

主な設定項目

●ブランディング設定

利用者画面で表示されるロゴ画像と背景色、文字色などを変更することができます。

●管理者権限初期値設定

新たに管理者を追加するときの権限について、設定しておくことができます。既存の管理者の権限には影響しません。

●パスワードポリシー設定

パスワードの最小文字数や有効期限、使用する文字種などを指定することができます。

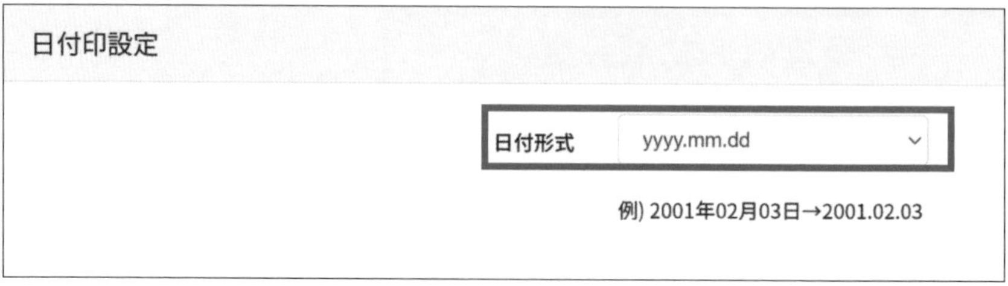

●日付印設定

日付印を利用する場合に、日付部分の表示形式を設定できます。

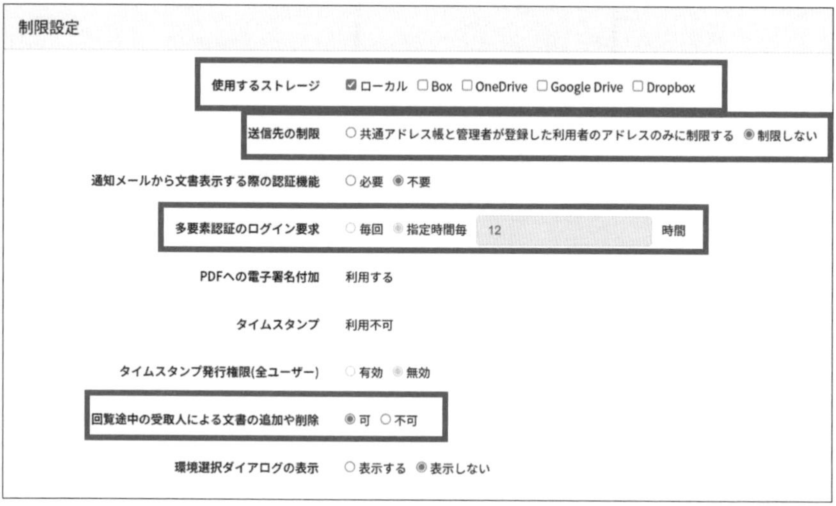

●制限設定

「使用するストレージ」を切り替えて外部ストレージを使用できるようにしたり、送信先の制限、多要素認証によるログイン、回覧中の受取人による文書の追加や削除など、さまざまな制限事項の設定を変更できます。

●保護設定

文書を回覧申請するとき、「宛先、回覧順の変更」「アクセスコードで保護」をおこなうことができます。

利用者を登録する（管理者操作）

Shachihata Cloudでは、管理者が利用者を登録することで、はじめて他の人が利用することができます。各利用者の多要素認証設定や印面登録をして、利用者個人に設定依頼のメールを発送します。

利用者情報を入力する

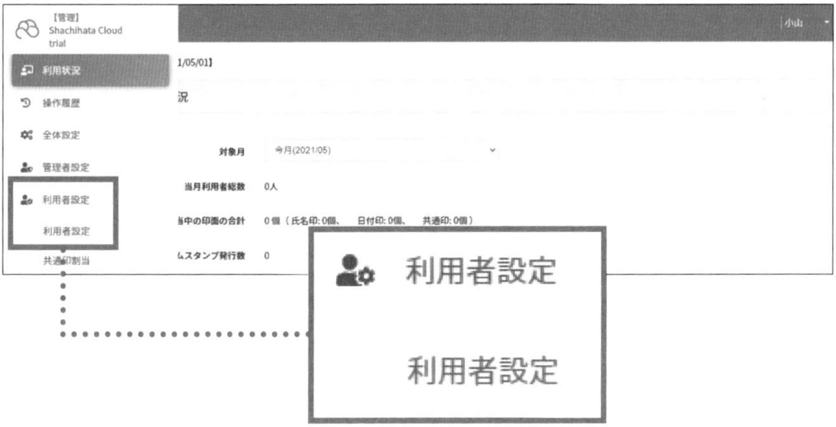

「管理者」画面から利用者を登録します。

①【利用者設定】→【利用者設定】をクリック。

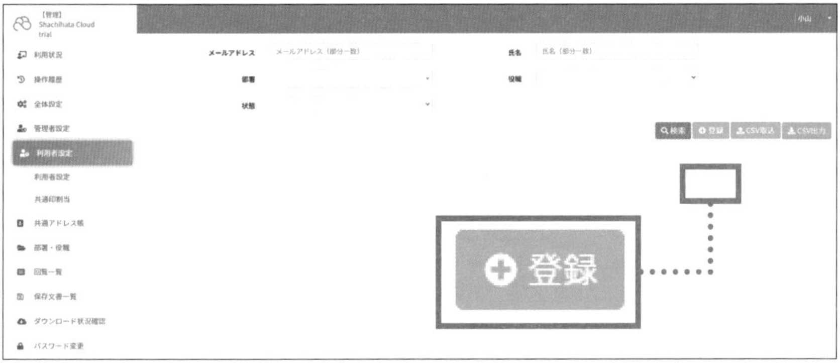

②【登録ボタン】をクリック。

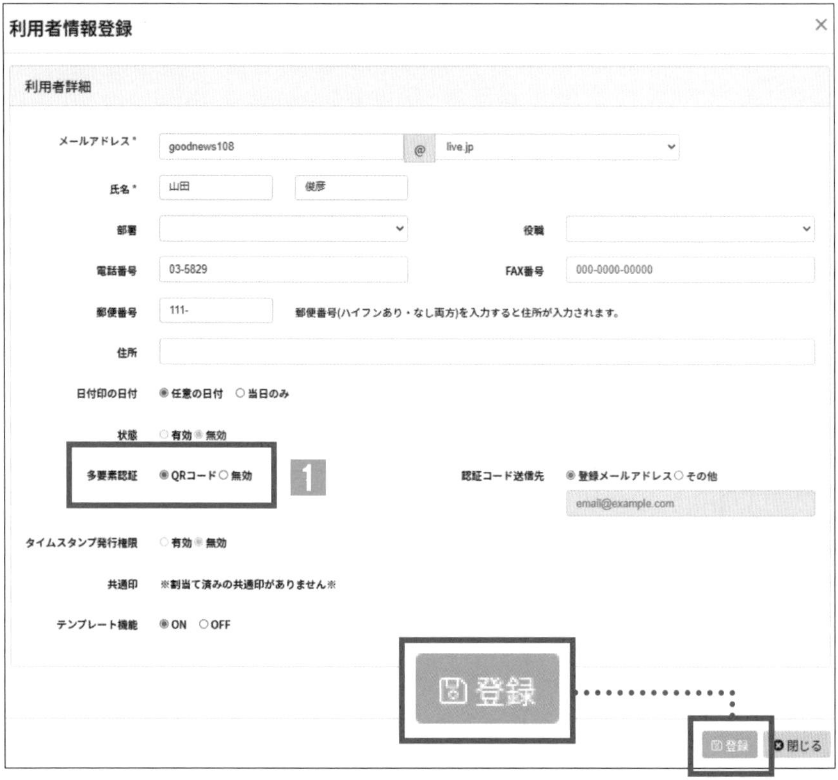

「利用者情報登録」画面になります。

③ 登録する人の「メールアドレス」「氏名」を入力し、【登録】をクリック。

❗「部署」「役職」を入力する場合は、事前に登録しておく必要があります。
→詳しくは 172 ページ

POINT!

多要素認証

1の「多要素認証」で「QR コード」にチェックを付けると、セキュリティ対策として多要素認証が設定されます。この場合、パソコン端末でログイン画面で ID を入力すると、QR コードが表示され、同じ ID でログインしているスマホアプリで QR コードを読み取ると、パソコン端末でログインができます。

印面の登録

続いて、印面を登録します。

① 画面下部「登録済印面」の【追加】をクリック。

②【利用者名】を入力し、【検索】をクリック。

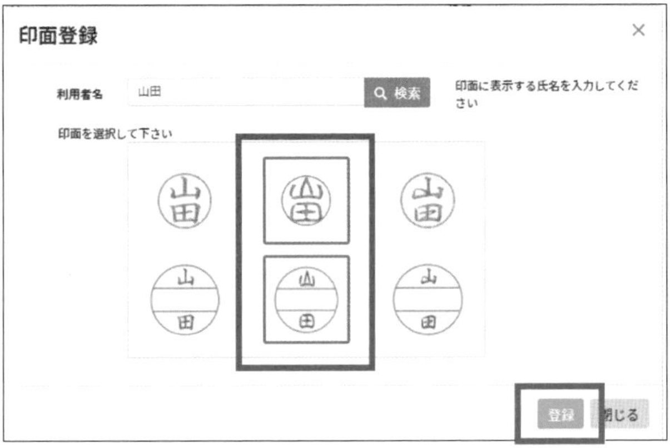

上段に「氏名印」、下段に「日付印」の候補が現れます。

③ 印面を選択し、【登録】をクリック。

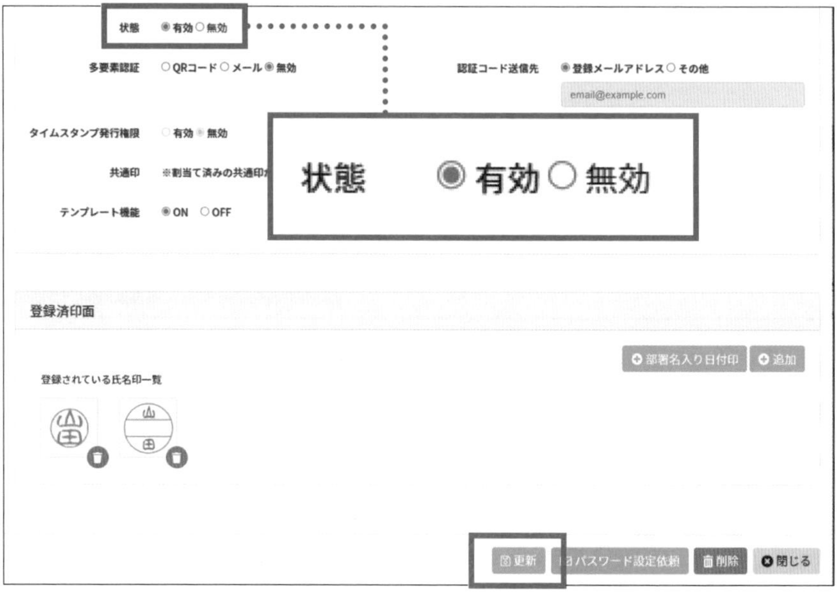

「登録済印面」に、印が表示されます。

④「状態」の【有効】にチェックを付け、【更新ボタン】をクリック。

これで、利用者が利用できるようになります。

利用者にメールする

利用者にパスワード設定を依頼するメールを送ります。

①【パスワード設定依頼】をクリック。

メールが送信されます。

利用者の画面

利用者は受信したメールに記載されている「パスワード設定」画面で、自分のパスワードを入力すれば、利用できるようになります。

【「利用者設定」画面】

「利用者設定」画面では、1にある「メールアドレス」「氏名」「部署」「役職」「状態」で利用者を検索することができます。

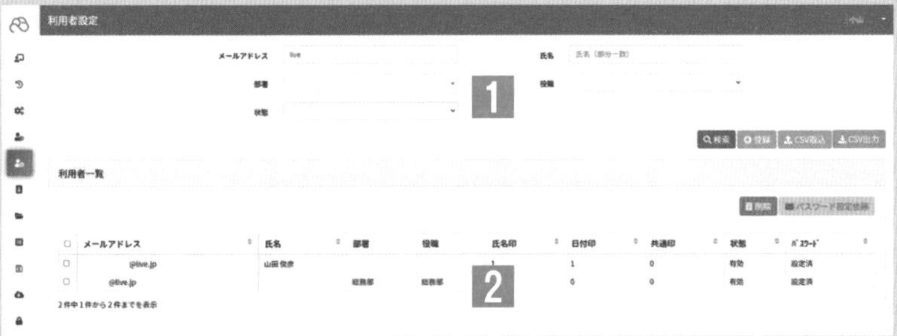

検索結果が2に表示され、それぞれをクリックすると、「利用者情報更新」画面が現れ、個別の設定を変更、修正することができ、利用者の削除や追加もこの画面からおこないます。また、ほかのソフトウェアからアドレス帳を取り込みたいときなどは、CSV でも取り込み可能です。

文書を回覧する

稟議書を申請

利用者登録された利用者は、文書を回覧することができるようになります。ここで基本的な操作をご紹介します。

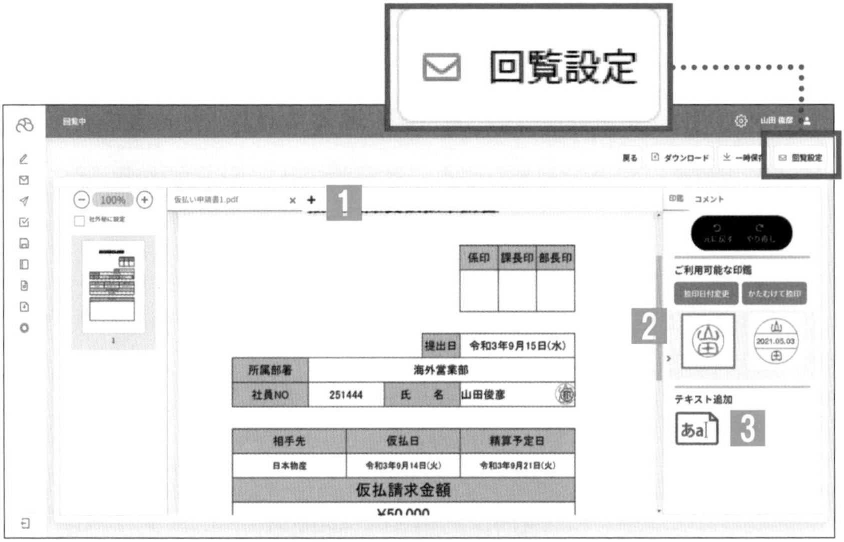

「新規作成」画面で、文書を作成、捺印してください。

① 画面右上の【回覧設定】をクリック。

POINT!

新規作成画面の操作

1 【+】ボタンでタブを増やすことによって、別の文書をアップロードすることができます。

2 管理者によって、日付印の日付が「任意の日付」に設定されている場合、捺印日を変更することができます。

3 【テキストの追加】で文書にテキストを書き込むことができます。

宛先の追加は、直接入力するか「アドレス帳」「お気に入り」から選択することができます。ここでは、直接入力してみます。

② 4に「名前」や「メールアドレス」を入力し、【追加】をクリック。

❗「名前」は任意、メールアドレスの入力は必須です。また、5の「回覧時にアドレス帳に追加」にチェックを付けると、アドレス帳に登録されます。また、6で「お気に入りに登録」することができます。

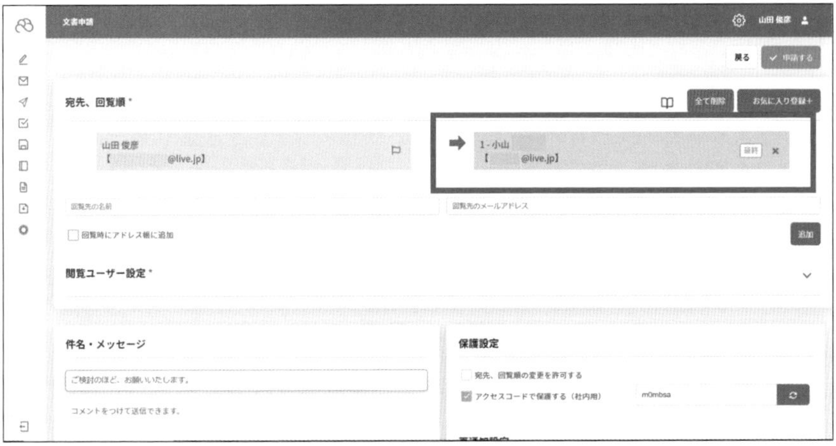

回覧する人が追加されます。

❗ 複数人いる場合は順次追加していきます。

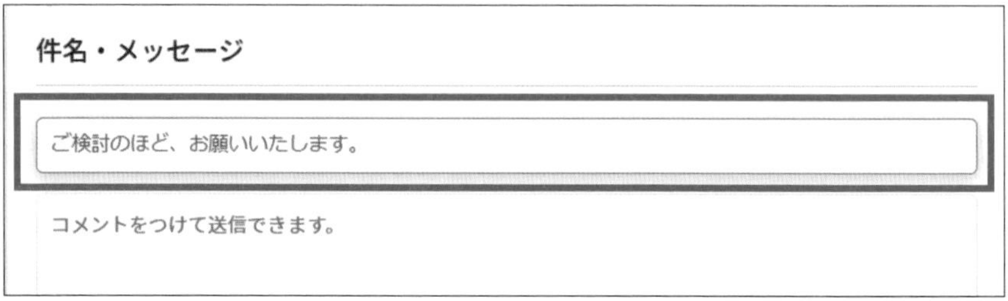

③【件名・メッセージ】を記入し、画面右上の【申請する】をクリック。

文書が送信されます。

「保護設定」では、文書をアクセスコード（パスワード）で保護することができます。社内用と社外用で、異なるアクセスコードを設定することができ、文書を開く際は、コードを入力しないと文書を開くことはできません。アクセスコードはメールで回覧先に送信されます。

「送信一覧」で確認することができます。

文書を承認する

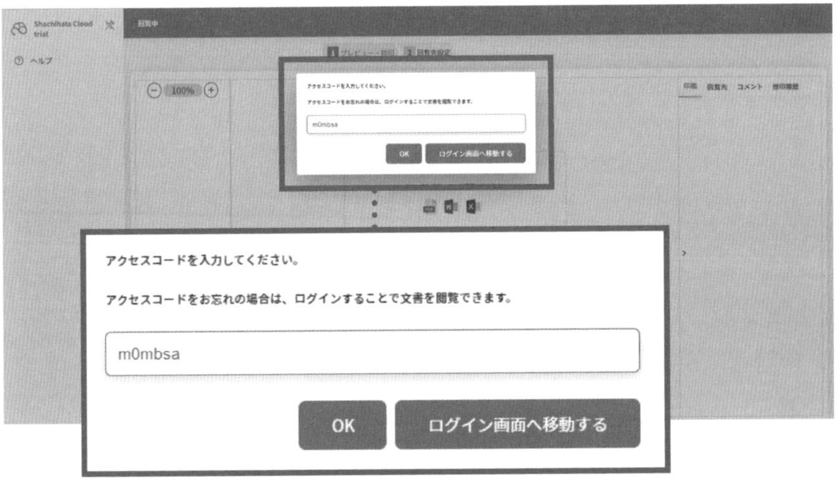

文書を受け取るとお知らせメールが届きます。メールから文書にアクセスすると、アクセスコードが求められます。

① アクセスコードを入力し、【OK】をクリック。

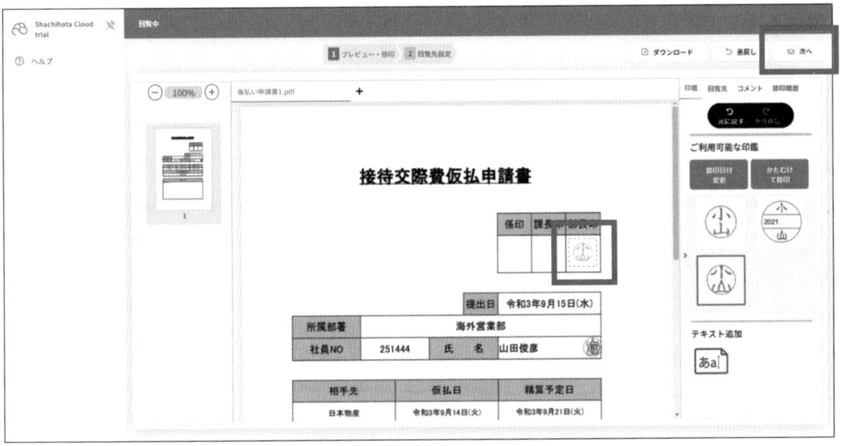

文書が開きます。

② 自身の捺印をおこなって、【次へ】をクリック。

❗ 回覧者が複数人の場合は、次の人に回ります。

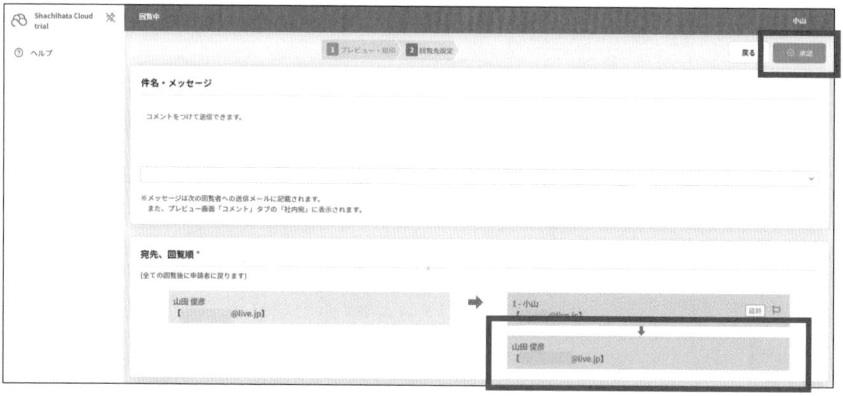

申請者に戻します。

③ **申請者に戻ることを確認し、【承認】をクリック。**

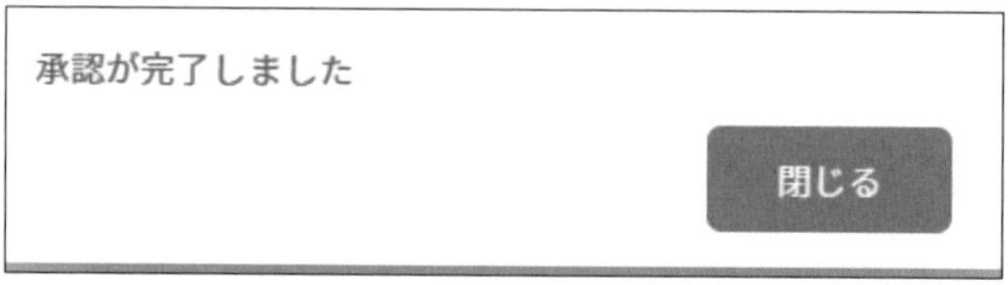

承認が完了し、文書が申請者にメールが送られます。

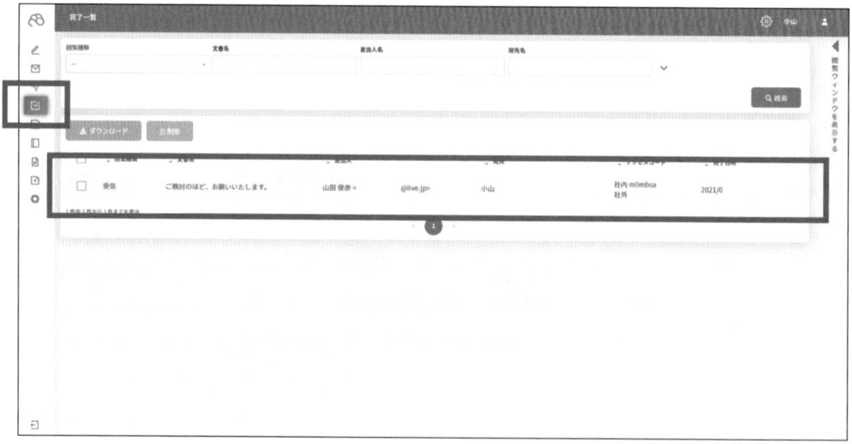

「完了一覧」で、文書を確認することができます。

❗ 申請者も同様です。

承認されたことを確認する

申請者は受信したメールからログインすると、承認された文書を確認することができます。

POINT!

複数人に送る場合

167 ページの操作②で複数人を指定すると、下図のような回覧順になります。基本的には、申請者→社内承認者（複数可）→申請者→社外承認者の順に回覧され、「最終承認者から直接社外に送る」にチェックを付けると、申請者の確認なしに、社外へと送られます。

4.2 多彩な機能を使う

部署・役職を登録する

あらかじめ部署や役職を登録しておくと、個人を検索するときなどにも利用できます。

部署を登録してみます。

①**「管理者」画面で、【部署・役職】をクリック。**

②**【部署】→【登録】をクリック。**

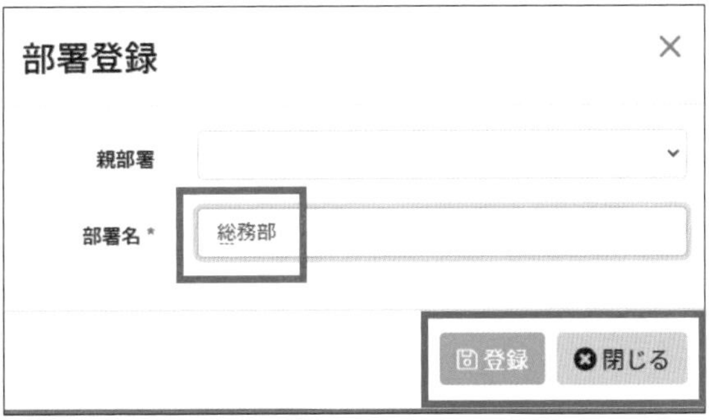

③【部署名】を入力し、【登録】→【閉じる】をクリック。

部署名が表示されます。

登録した部署は、【親部署】で選択できるようになり、選択後に【部署名】を入力すると、子部署が配置されます。また、削除する場合は、【削除】をクリックします。

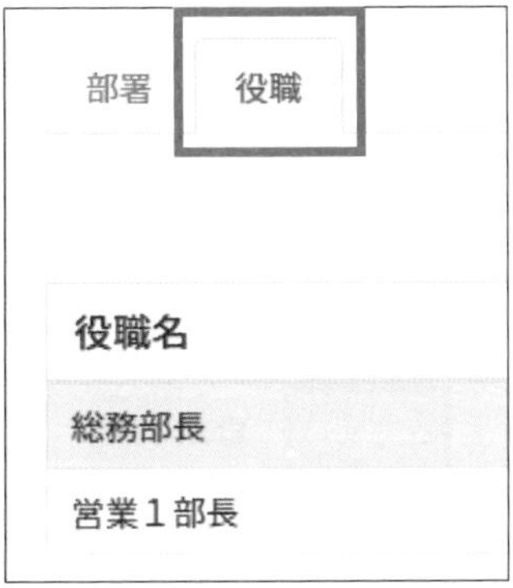

「役職」も同様に入力できます。

共通アドレス帳に登録する

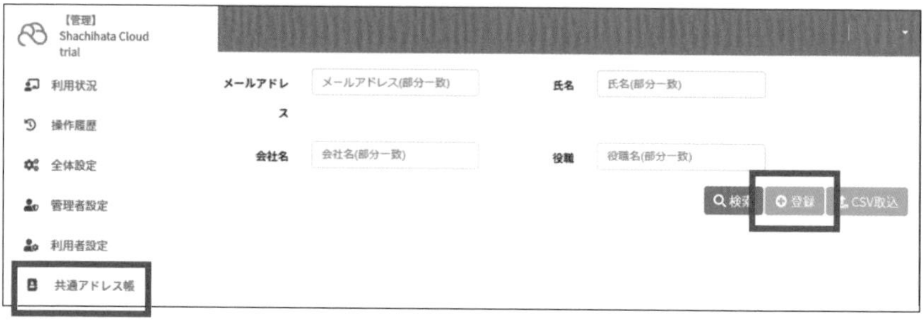

「共通アドレス帳」は、管理者が許可した利用者全員が使うことができるアドレス帳です。

① **「管理者」画面で、【共通アドレス帳】→【登録】をクリック。**

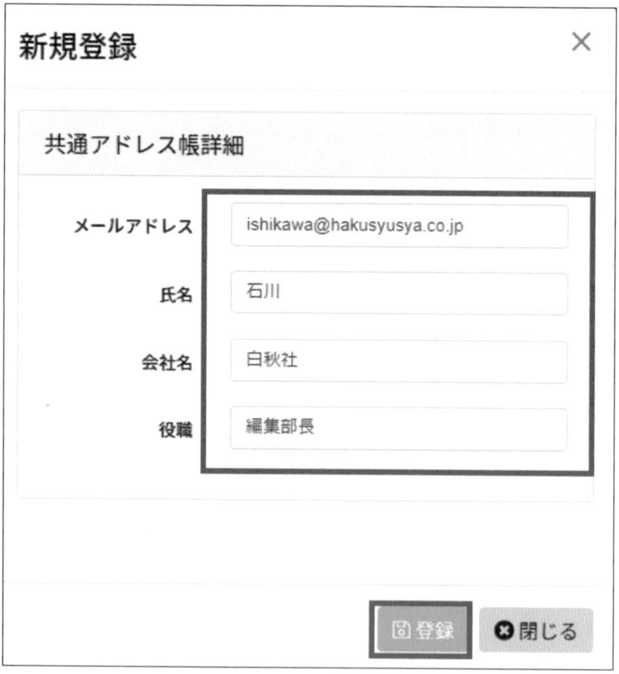

② **必要事項を入力し、【登録】をクリック。**

「共通アドレス帳」に登録されます。

回覧一覧で状況を確認する

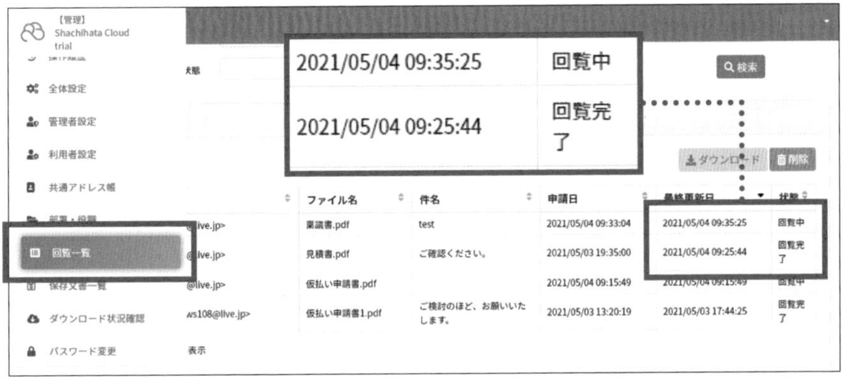

「回覧一覧」では、申請日や回覧した文書の状態（回覧中または回覧完了）などを確認することができます。

パスワードを変更する

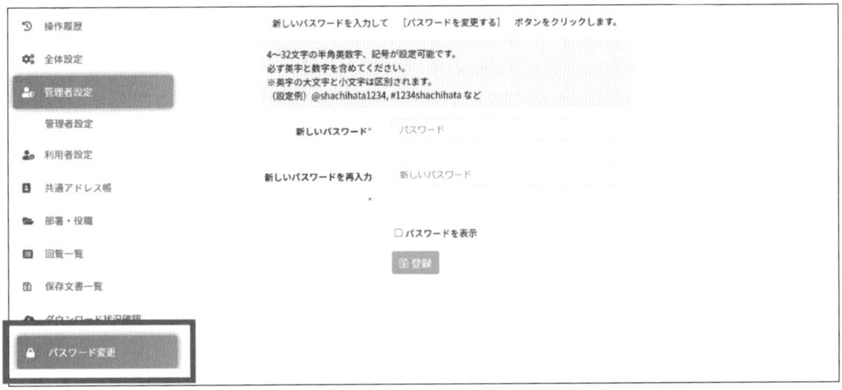

「パスワード変更」では、管理者パスワードを変更することができます。

❗【パスワードを表示】にチェックを付けると、入力しやすくなります。

電子署名を確認する

電子署名は、本人証明を明確にし、文書の存在を証明し、原本性の確保を強化します（参考60ページ）。社外への回覧時、回覧完了時、捺印履歴を付けてダウンロードするときに文書に付与されます。

❗ タイムスタンプはオプション機能で、PDFに付与される電子署名の有効期限を1年から10年に延長できます。

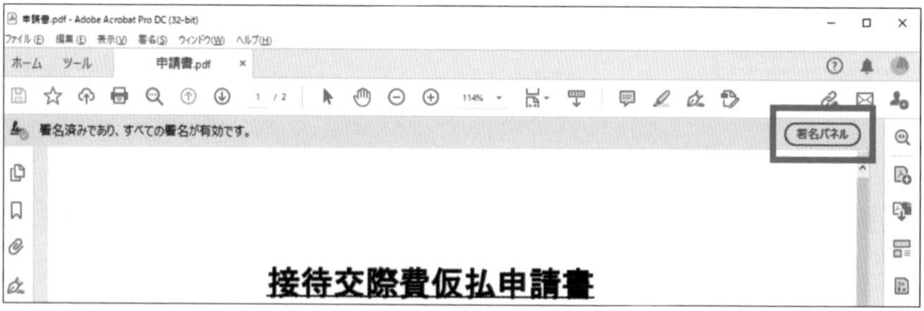

① 文書をダウンロードしてAdobe Acrobat Readerで開き、画面右上の【署名パネル】をクリック。

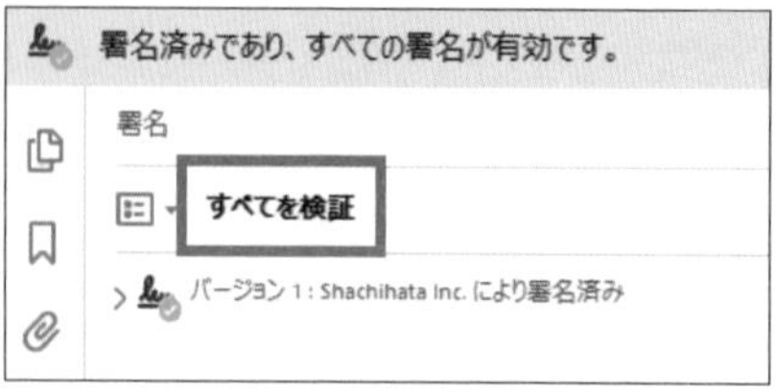

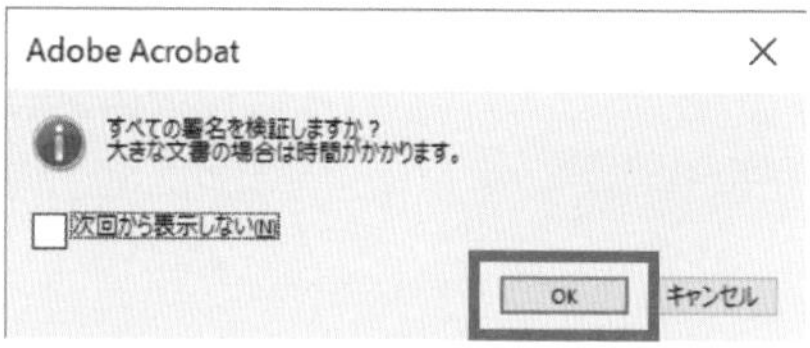

② 画面左側に表示された【すべてを検証】をクリックし、「検証を開始しますか？」という内容のメッセージが表示されたら【OK】をクリック。

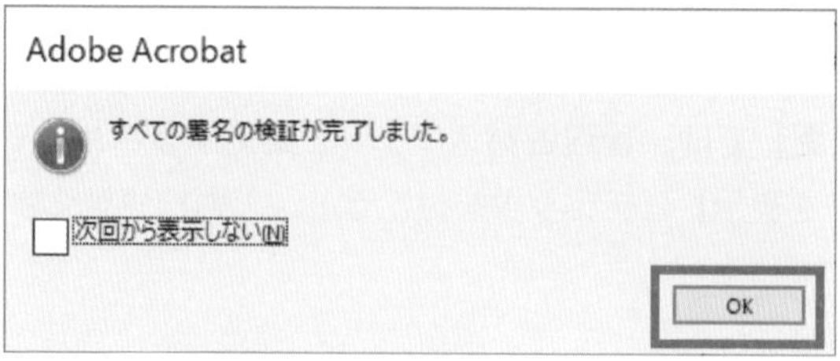

③ 検証が終了したら【OK】をクリック。

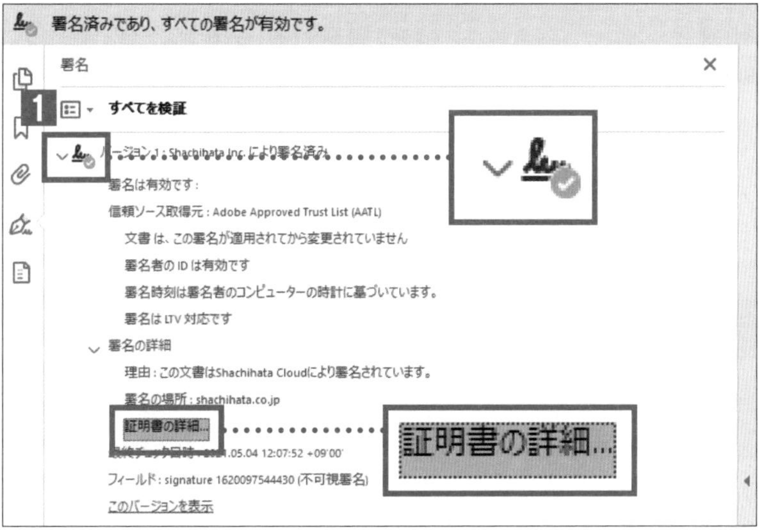

④ 1の矢印をクリックし、詳細情報を表示し、【証明書の詳細】をクリック。

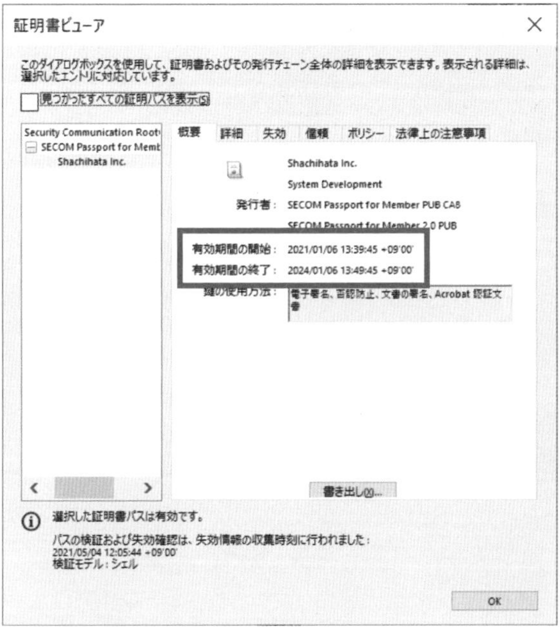

電子署名の有効期限を確認することができます。

4.3 Shachihata Cloud 導入事例

Shachihata Cloud は、これまでに多くの企業や団体に導入されてきました。そして、皆さまが抱えていた課題や問題点を解決するために役立っています。

ここで、その事例を紹介していきます。

事例①

業務フローの変更がないため、
導入は驚くほどスムーズに。
決裁申請時間も半分以下に

学校法人　新渡戸文化学園

事例②

働き方改革の一環として電子上での
社内決裁・押印手続きを実現。
タイムロス解消などワークフローの大幅な改善に成功

株式会社　富士通エフサス

事例③

リモートワークによって決裁がストップ。
検討開始からおよそ1箇月、導入決定からわずか2週間という
驚異的なスピードで導入を成し遂げた!!

大手百貨店

事例④

企業経営をサポートする立場として、
いち早くデジタル化を実現。
生産性向上によってさらなる地域貢献を目指す

名古屋商工会議所

事例⑤

電子印鑑による申請業務の効率化で
多忙な保育園スタッフの負担を軽減

社会福祉法人 ユーカリ福祉会

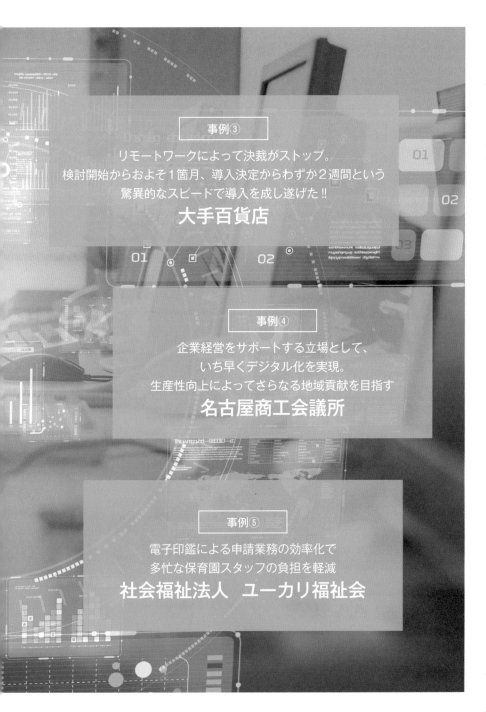

事例①

業務フローの変更がないため、
導入は驚くほどスムーズに。
決裁申請時間も半分以下に

学校法人　新渡戸文化学園

導入の成果

在宅勤務が増え申請業務のデジタル化は待ったなしに。
業務フローの変更が必要ない Shachihata Cloud によって
決裁申請時間も半分以下に大幅短縮

新渡戸文化学園は、教育者・思想家の新渡戸稲造が初代校長だった女子経済専門学校を起源とし、子ども園（幼稚園）から小学校、中学校、高等学校、短期大学までを運営しています。

2020 年 8 月には、AI 型タブレット教材やデジタル教材の開発により、経済産業省の「未来の教室」モデル校に認定され、また今年 2021 年春には小中高の児童・生徒の「1 人 1 台端末化」を実現するなど、教育におけるデジタル化を積極的に進めています。

教職員による起案書をはじめとする各種申請業務のデジタル化も、DX や脱ハンコの流れの中で前向きに取り組むという方針のもと、機運が高まっていました

学校法人　新渡戸文化学園
https://nitobebunka.ac.jp/

導入のきっかけ!

検討課題だった申請業務のデジタル化が、新型コロナウイルス感染症拡大で一気に現実味を帯びてきた

もともと新渡戸文化学園法人事務局では、起案書をはじめとする各種申請業務を紙ベースからデジタル対応へと出来るところから着手することを検討していました。担当者に訊ねると「申請書等の書類保管場所もセキュリティ面も併せて大きな課題となっていたため、デジタル化は避けて通れない道でした」とのこと。

そんな課題に解決の糸口が見えたきっかけは、新型コロナウイルス感染症拡大による在宅勤務の増加でした。これにより、申請業務のデジタル化は一気に前進する状況となりました。承認者が出勤していない場合でも申請処理が出来ることで、機動性が一気に高まることになったからです。

「業務フローの変更がないこと」が決め手となり導入を決定

申請業務のデジタル化にあたっては、システム開発会社3社に話を聞いたそうです。その結果、3社目に話を聞いたShachihata Cloudの導入を決めました。

1社目のシステムでは、日頃から使っている申請書類のテンプレートを、すべてその会社が運用するサイト上に新たに作成する必要がありました。しかも、テンプレート作成はその会社に委託しなければなりません。テンプレートは現状でも複数あり、これから新たなものが必要となる可能性もあるので、作成のたびに業務を委託するのでは時間的にも費用的にも大きなロスが発生します。そのため、1社目は保留としました。

2社目のシステムは、使っている申請書類のフォーマットがそのままでは使用できず、その会社が用意しているフォーマットに落とし込まなければなりません。そのため導入は最初から無理でした。

3社目のShachihata Cloudを導入する決め手となったのは、現状の業務フローをまったく変更しなくて良いことでした。

担当者は次のように話してくれました。「Shachihata Cloudでは、私たち使っているWord形式などの申請書類を、ただドラッグ・アンド・ドロップでコピー&ペーストするだけで、クラウド上に簡単に登録できます。登録したら、あとはクリックにより承認フローを選択すれば、申請業務を簡単に開始できます。これまでの業務フローを変える必要がまったくないため、教職員に対する使用法の周知も容易です。そのため、部内の全員が『シヤチハタでやってみよう』という結論になりました」。

導入は驚くほどスムーズ

導入にあたり、まず事務局職員約20名に対し、起案書に限定して、Shachihata Cloudを試験的に導入してみることにしました。そうしたところ、導入は驚くほどスムーズに進みました。

2020年4月1日にShachihata Cloudを導入し、当初の見込みでは職員が使用方法に慣れるのに、最短でも4月一杯はかかるだろうと予想していたところ、実際に導入してみると4月の中旬頃には、職員の全員が何の問題もなく使いこなすようになっていました。職員全員に対する説明を最初に30分程度しただけで、速い人だと、あとは自分でログインし、『ああ、なるほど』などと言いながら使えるようになりました。使えるまでに最も時間がかかった人でも、事務局からの個別の説明は20〜30分程度。また、年配の方も予想以上に短期間で慣れたそうです。

Shachihata Cloudは、WordやExcel形式の申請書類をそのまま利用できるため、新渡戸文化学園でも「業務フローが変更になった」という感覚がなく、スムーズに移行できたそうです。「導入が予想外にスムーズだったため、隙間時間で新たなプロジェクトの立ち上げも進み、大変助かっています」とのことです。

▶▶ 導入後の変化 ▶▶

決裁申請時間は半分以下に大幅短縮

Shachihata Cloudを導入してみると、決裁申請に必要な時間は半分以下になりました。担当者は、「これまで1週間程度はかかっていた決裁申請が、3日あれば終わる、という感じになっています。所要時間は半分以下になっていますね。速い場合は1日で、決裁が終わったこともありました」といいます。

決裁申請時間が短縮した要因は、まず申請書類を承認者の机まで、持ち運ぶ必要がなくなったことが挙げられます。それとともに、承認の進捗状況が可視化できることも大きいようです。

これまでは、決裁がなかなか完了しない場合などには、承認者1人ひとりの机までおこなって「印鑑を押していただけました？」と確認しなければなりませんでした。ところが、Shachihata Cloudでは、承認フローに入っている全員が、承認の進捗状況をクラウド上で確認できます。先日も承認が止まっていたので、承認者にメールで「お願いします」と依頼したら、「ああ、ごめん、忘れていた」と、すぐに承認してもらえるそうです。

また、印鑑をクリックだけで押せることも、業務効率を大きく改善しています。職位が上の人だと、提出された申請書類が多いときは机に山積み状態という状況で、印鑑を１日に何度となく押す必要がありますが、Shachihata Cloudならクリックだけで手軽にデジタル印鑑を押せるため、印鑑を押すという力仕事が大幅に減りました。その分だけ申請内容を深く読み込んで決裁するという本来の稟議効果が上がりましたのです。

今後の展望

申請書類の種類や使用者を広げていきたい

新渡戸文化学園 法人事務局では、現在は、事務局職員の起案書に限定してShachihata Cloudを導入しています。今後は、休暇申請などその他の申請書類や、事務局職員以外の教職員に対しても導入を広げていく計画をしているそうです。

事例②

働き方改革の一環として電子上での社内決裁・押印手続きによるタイムロス解消など押印にかかる工数削減を実現。

株式会社　富士通エフサス

導入の成果

全社で取り組んでいる働き方改革の一環として、電子上での社内決裁・押印手続きへ業務改革を進める中で利用を開始。押印にかかる工数削減を実現。

全国約160箇所にサービス拠点をもつ株式会社富士通エフサス（以下、富士通エフサス）は、企画・コンサルから構築、運用・保守を通し、安心・安全なICTインフラを提供し続けています。2018年5月の本社移転を機に、フリーアドレス化やテレワークを全社に展開。それに加え、自社が提供する「FUJITSU Software TIME CREATOR」の残業抑止機能の活用とあわせ、働き方改革のリファレンスモデルとして顧客への提案にもつなげています。

こうした取り組みの中で、社内業務改革の一環として「事務所内での物理的な印鑑を中心とした社内決裁・押印手続き」から「場所を問わずに電子上での社内決裁・押印手続き」を推進するために導入したのがShachihata Cloudです。

株式会社　富士通エフサス
https://www.fujitsu.com/jp/group/fsas/

導入の
きっかけ！

物理的な印鑑による責任者の押印手続きが、テレワークの大きな阻害要因に

あらゆるICTを活用した、場所を問わない柔軟な働き方の実現を目指し、働き方改革を多方面から推進する富士通エフサス。テレワークの環境やコミュニケーション基盤の構築など、ICTをコアとした「トータルサービス」の提供を通じ、顧客の事業の発展と新たな価値創造を支えるとともに、快適で安心できる社会の実現に貢献してきました。

同社は働き方改革・社内業務改革にも積極的に取り組んでおり、改革の1つが、場所を問わずに電子上で押印・決裁手続きをおこなうワークフローの整備です。

同社では、顧客と商談を進める上で提出する見積書などの書類に対し、「責任者印」を押印していますが、以前は物理的な印鑑だったので、事務所内での処理に限定されていました。そのため、責任者が出張や外出で事務所不在の場合、責任者が事務所に戻ってくるまで待たなくてはならない状況が発生し、結果的に顧客への書類提出が遅れるケースが散見されていました。

また、責任者も押印処理のためだけに事務所に戻らざるを得ないことがあり、さらに複数の事務所を責任者が兼任する地方拠点ではこの傾向が顕著でした。このような待ち時間や移動時間の無駄といったタイムロスが、同社が積極的に進めるテレワークの大きな阻害要因となっていました。

スピード化が進むビジネスシーンにおいて、「これでは顧客の要望に応えられていない」という危機感もあり、働き方改革のリファレンスモデルとして顧客により良い提案を続けるためにも、早急な社内のワークフローの運用改善が必要だったのです。

▶▶ 導入後の
変化 ▶▶

シンプルなオペレーションやスマホでの押印機能などをローコストで導入できたことが決め手に

電子上での押印・決裁手続きを模索していた同社は、親会社である富士通株式会社（以下、富士通）が働き方改革の施策の1つとして採用していたシヤチハタのShachihata Cloudに出会いました。

「場所を問わない働き方の実現」を目指し、まず富士通の働き方改革への取り組み事例の情報収集をおこないました。その際、Shachihata Cloudをトライアル利用してい

ることがわかり、プロジェクトメンバーと意見交換をおこない、自社の業務改革に活かせると判断し、『まずは使ってみる』ことを決定。トライアル運用を開始しました。

最終的な選定ポイントは、申請者・承認者双方のオペレーションが非常にシンプルで、操作マニュアルを用意したり、説明会を開いたりしなくても誰もが簡単に処理できること、ならびに、セキュアな環境下かつローコストで利用できることでした。また、以前の紙を中心とした事務処理の流れをShachihata Cloudで実現できるため、導入後の社内運用が定着しやすいことも決め手となりました。

今後の展望

社員約3000人が利用
当日中の顧客への見積書提出も可能に

営業部門の一部でトライアル運用を半年間おこないながら、その効果や課題などの意見交換を実施。社内の運用ルールを整備。押印後のデータファイルの改ざんを防止するための署名入り機能など、あらゆる調整をおこない、2019年4月から本格導入しました。営業部門を中心に約600名が利用することになりました。その後、部署名入り日付印機能のリリースに合わせて社内の事務処理にもShachihata Cloudを積極活用し、現在は社員約3000人に利用されています。

責任者に特に好評なのは、スマートフォンでの押印機能です。多くの責任者がスマートフォンで利用しており、移動中や休憩時のちょっとしたタイミングで承認作業ができるようになりました。押印のためにわざわざ事務所に戻る必要もなくなり、タイムロスはもとより、精神的・身体的な負担も大幅に解消されています。

また、顧客企業に常駐している担当者の場合、責任者の押印が必要になった際には、システム上で申請手続きができるようになり、移動の手間がなくなりました。

各担当者が顧客との商談を進める中でスピード化を実現できたのも、Shachihata Cloudの導入の効果です。顧客との打ち合わせ後、見積書を作成し、責任者から承認を得て、当日中に顧客に提出するといったことも可能になったため、これまでよりスピード感あふれる交渉ができるようになり、顧客からも高評価を得ています。

導入担当者は、「トライアル期間も本格導入後も、予想以上にスムーズに馴染み、シンプルな機能で使い勝手の良さが好評です。現場からは、非常に助かっているとの声が聞こえてきており、導入効果を大いに感じています。

コラム

芸能界やスポーツ界でも！利用組織を選ばない電子印鑑

すでに60万件という導入数のShachihata Cloud。大企業だと1社で千人単位の利用者がいるところもあるから、利用者総数となるとその10倍以上の数となるだろう。このことからも電子印鑑がいかに一般化してきているかということがわかる。

その導入を企業の割合でみると、大企業の導入が全体の約4割、中堅企業が約2割、小規模企業や個人、団体等が4割となっている。やはり過去においてさまざまなシステム導入の経験豊富な大企業がまっ先に取り込んでいるようだ。

その一方で、フリーランスを含む小規模事業者の方々も積極的に電子印鑑を採用、業務の省力化に取り組んでいる姿が見て取れる。また、この官公庁や団体などでの業務利用も相当数いると思われるが、このようにビジネス用途ではないユーザーも増加傾向の様子だ。

たとえば、スポーツ競技団体がさまざまな内部での申請に利用したり、芸能事務所でアーティストから事務所への書類申請に使用するなどの事例がある。

また、内部の申請関係だけでなく、人数が多く勤務もバラバラな非正規のスタッフにも電子印鑑での押印を認めて、業務の効率が格段に向上させた事例もある。

ある運送会社では、アルバイトスタッフに提出してもらう書面に電子印鑑を採用した。それまでは、スタッフに会社側から書面を郵送、それに押印してもらい返送してもらうスキームだったものを、書面をShachihata Cloudでスタッフに送付し、スタッフはゲストとしてShachihata Cloudに入り捺印して返信というスキームに変更。これにより会社側は多数いるスタッフに書類を送付する手間とコストが不要になり、一方アルバイトスタッフは書類の送付や持ち込む必要がなくなり、双方効率的になった、というわけだ。

このほかにもShachihata Cloudの運営元であるシヤチハタには、さまざまな問い合わせがあるようで、中には本来想定していなかった用途での利用法をユーザー自らが考え出した内容もあるという。

このように、電子印鑑はビジネス用途だけではなく、アイデア次第で非常に様々な利活用事例が誕生する可能性がありそうだ。

事例③

リモートワークによって決裁がストップ。
検討開始からおよそ１箇月、導入決定からわずか２週間という
驚異的なスピードで導入を成し遂げた!!

大手百貨店

導入の成果
2020年の緊急事態宣言の発令をきっかけに導入。短期間で、決裁完了までの長い時間を大幅に短縮させ、無駄のない決裁フローを実現。

数千人規模の社員を抱える大手百貨店。2020年４月に発令された緊急事態宣言により、社員は出勤停止を余儀なくされました。最も問題となったのは、リモートワークによって、紙による決裁のワークフローがストップしたこと。一刻も早くこの状況打破するために、すぐさまShachihata Cloudの導入が検討され、検討開始からおよそ１箇月、導入決定からわずか２週間という異例のスピードで本格導入することに成功しました。なぜそこまでスピーディーな導入に踏み切れたのか。その理由や当時の状況、導入後の社内の様子や今後の展望などについてお話をお伺いしました。

導入までの流れ

４月 第１週	緊急事態宣言で決裁が滞る問題が顕在化
第２週	電子印鑑導入の指示（担当役員→担当者：スピード重視との指示） 検討開始
第３週	法務部門に決裁の有効性について相談 担当役員に進め方・概要の報告
第４週	シヤチハタ社に見積を依頼―社内外に相談、調整を図る―
５月 第１週	部内説明（体制・運営について共有） 社長説明→導入決定 マニュアル作成
第２週〜第３週	役員会で説明→役員を登録 リリース後の役割について部内に情報共有 事業部ごとへの説明会を開催（全40回） 対象者を全員登録 運用開始・社達送信

導入のきっかけ！

かねてから決裁方法に改善の余地はあった 緊急事態に急ぎ社内提案

同社は、数千人規模の社員を抱えていることもあり、1枚の決裁書に20人分もの押印が必要になることもあり、また、決裁書が社内便などを使って各担当者へと回覧されて行くため、全員の印が揃うまでには2週間程度の期間が必要な場合もありました。また、急ぎで決裁が必要な場合には、社員が各担当者の元に足を運び、1人ひとりに印をもらって回るようなこともあったといいます。

そんな中、2020年4月、緊急事態宣言の発令により、リモートワークが中心となり、紙での決裁ができないという事態に陥ってしまったのです。

「これはもう電子印鑑を導入するしかない！」。かねてから決裁方法に改善の余地があると感じていた業務改革担当者は、すぐに電子印鑑の導入を提案しました。

導入の理由は「そこにシヤチハタがあったから」

決裁がストップしてしまっている状況となり、一刻も早く決裁ができる状態にしなければならない……。残された時間は無いに等しい状態でした。

担当者は当時を振り返り「正直な話、どのツールがいいのか考える余裕もなかった」と話します。

しかし、そんな中でもShachihata Cloudを選んだ理由を尋ねたところ、まず返ってきたのは「そこにシヤチハタがあったから」のひと言。シヤチハタが電子印鑑を扱っていることは以前からメディアを通じて知っていて、セキュリティ面などを考えても「シヤチハタブランド」に対しての安心感があったといいます。そのため、「Shachihata Cloudを導入する」という意思決定は非常に速かったそうです。

わずかな期間で説明会を40回も実施

社内の承認を受け、担当者はすぐにShachihata Cloudについてわかりやすく説明するための独自の資料を作成。決裁の仕組みを変えることは全社に影響するため、本来であれば全社員に仕組みを説明してからの導入が望ましかったものの、とにかく当時は緊急事態宣言下。よりスピーディかつスムーズに移行するため、取り急ぎ決裁に関係する主要な各部門の担当者たち1人ひとりに、リモートでShachihata Cloudについて説明をおこなったそうですが、その回数はなんと全40回にもなりました。

そして、検討開始から1箇月、導入決定から2週間という異例の速さでShachihata Cloudを本格導入することに成功したのです。

導入後の変化

「紙からパソコンに変わるだけ」が大きな時短に

Shachihata Cloudを導入した背景には、シヤチハタブランドへの安心感のほかに「今まで紙で使っていたファイルがそのまま使える」「回覧する方法は変わるが、決裁の手順自体は変わらない」といった利点がありました。実際に回覧のスピードが格段に速くなっただけではなく、「一度使って慣れてしまえば、かえって（印刷などの）手間が省けていい」ということで、当初導入した部門だけに留まらず、グループ会社などにも次々とShachihata Cloudの導入が拡がっていったそうです。

いい意味で“ゆるい感じの仕組み”が出来上がった

以前は、(決裁書の管理をおこなっている)法務部門が決裁の終わった文書をコピーし、それをさらにPDFにデータ化し､原本とは別に保管するという仕組みをとっていました。また、Shachihata Cloudの導入直後においても、決裁が完了したデータは各部門で保管し、さらに同じデータを法務部門に送付するというルールをつくっていました。

しかし、多くの部門を抱える中で、各部門においてその都度データを保管しておくことの必要性や手間について、担当者は次第に疑問を感じるようになっていました。

そこで現在では、法務部門が決裁の完了を確認次第、決裁後のデータをダウンロードして保管するだけというシンプルな仕組みにしたそうです。担当者は「導入前と比べると“ゆるい感じの仕組み”になってはいるものの、電子化されたことで管理面での安心感を得られた」と話します。

今後の展望

問題点をクリアにしながら、さらにグループ他社にも広めていきたい

一方で、最初に決裁書を作成する人だけは、決裁ルートを決める必要があるため（さらにそのルートが間違っていることもあるため)、その作業がもっと簡単かつ正確にできるように改善されれば、さらに決裁業務がラクになるはずです。

担当者は今後もさらにグループ他社にも広めていきたいとのこと。「導入する企業が増えれば、さらに現状Shachihata Cloudが抱える問題点が明確になり、さらに使いやすいツールに変わっていくのではないか」と今後のシステムの変化にも期待を寄せていました。

事例④

企業経営をサポートする立場として、いち早くデジタル化を実現。生産性向上によってさらなる地域貢献を目指す

名古屋商工会議所

導入の成果

生産性向上を目的としたデジタル化の一環として Shachihata Cloud を導入。シンプルで直感的な UI がスムーズな定着を促進。削減できた費用と時間を活かし、より質の高いサービスを目指す。

名古屋商工会議所は、およそ 1 万 7000 社もの会員企業を抱える、中部エリア最大の地域総合経済団体です。経営相談や交流会、共済事業、グローバル化支援や政策提言活動など、幅広い取り組みによって地域の事業者を支援している同所。企業の経営をサポートする立場として、いち早く生産性の向上に取り組もうと、デジタル化に着手してきました。

2023 年 10 月に導入予定のインボイス制度にもしっかり対応できる体制を実現。デジタル化に対する理解が得られやすい状況で次に取り組んだのが、押印・決裁手段のデジタル化でした。

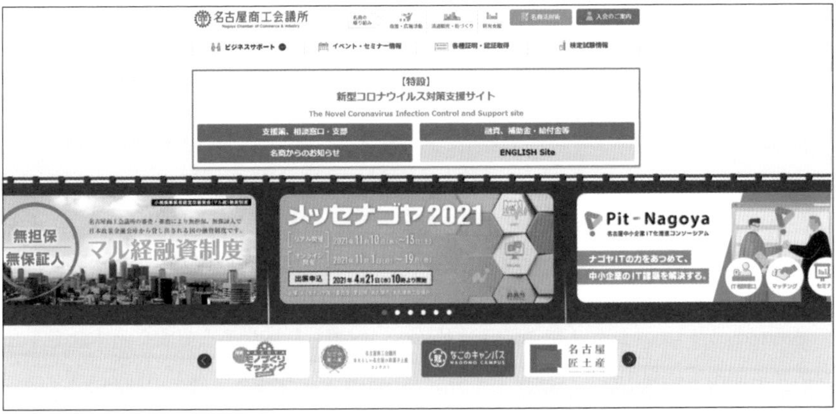

名古屋商工会議所
https://nagoya-cci.or.jp/

導入のきっかけ！

あらゆる業務で紙への依存度が高く、コスト面も問題に

名古屋商工会議所では、なかなかデジタル化の取り組みが進んでいませんでした。あらゆる業務に紙が使われ、たとえば、勤怠は出勤簿への押印で管理していたのです。

そして、「デジタル化の波が到来しているこの時代、企業に経営をアドバイスする立場の自分たちが、こんなに紙をたくさん使っていていいのか？　地域の企業にデジタル化を勧めるのであれば、まずは自分たちからデジタル化に取り組むべきではないのか？」といった意識もあったとのことです。

また、紙への依存度の高さは、コスト面から見ても無視できないものとなっていました。パソコンや複合機の機能が向上し、高品質な印刷が可能になるごとに、かえって紙の使用量が増えていったといいます。途中からは紙とデジタルデータの両方で書類を保存するようになりましたが、過去の文書を検索する際にはデジタルデータばかりが使われ、紙の書類はほとんど活用されていないまま保存されているという状態が続きました。

＜課題＞

・地域企業にデジタル化を勧める立場の自分たちが、デジタル化できていない…

・紙の使用量増加によりコストが上昇している…

「シンプル・低コスト・信頼」の３点で導入を決定

数あるツールの中からShachihata Cloudを選んだ理由は、シンプルでわかりやすい設計でした。他社製品とも比較しましたが、すでにほかの業務分野のデジタル化を進めていた同所にとっては、押印・決裁機能に特化したシンプルな製品こそが必要だったのです。また、操作のシンプルさも決め手の1つでした。

さらにもう1つ、「シヤチハタブランド」への信頼もあったそうです。堅牢なセキュリティに加えて、長年にわたる電子印鑑の販売実績も信頼感につながったのです。

シンプル　　低コスト　　信頼

導入後の変化

コロナ禍での変則的な勤務形態にもしっかり対応

現在、国や県、市などが、補助金や助成金、あるいは税制の優遇措置といったさまざまな政策を展開していますが、商工会議所はこうした制度の申請窓口の役割も果たしています。これらの申請書類のように、公的資金に関わる書類では、押印がとりわけ重要視されます。お金の流れがどうなっているのか、誰が決裁したのかを明確にする必要があるからです。

また、コロナ禍によって、順に休暇を取って出勤人数を減らすスタイルで感染予防に取り組んでいるため、決裁権をもつ管理職がオフィスにいないという状況も生まれるようになりました。こうした状況の中で、Shachihata　Cloud を管理職のスマートフォンで閲覧できるように設定し、自宅にいても押印・決裁することを可能にしました。パソコンと変わらない使用感で、新たな操作を覚える必要もなく、非常に便利だと好評です。

今後の展望

さらなる効率化を進め、ニーズの変化に応えたい

近年、同所に求められる仕事の中身や質は変わってきています。人の手を介する"作業"が減ってきていて、その分求められるようになったのは、企画や調整などの仕事。こういった仕事に時間を割くためにも、デジタル化による生産性向上を進なければなりません。

仕事内容だけでなく、コミュニケーションの取り方も変化しています。たとえば、同所への入会は、かつては電話での問い合わせや窓口での相談を経て入会するという手順しかありませんでしたが、ウェブ上でも入会申し込みができるようになった今では、問い合わせや相談を経ずにいきなり入会する人も増えているとのことです。

担当者はいいます。「このような非対面でのやり取りを望む人が増えていますが、やはり直接会っていろいろ聞きたいという人も依然として多く、両方のニーズに応える必要が出てきたのです。生産性向上によって生まれた時間を人とのコミュニケーションに割き、多様なニーズに応えていきたいと考えています。デジタルとアナログをうまく使い分けて我々も成長し、この地域の経済に貢献し続けたいですね」

少子高齢化が進む中、地域経済のあり方が問われている現代。デジタルツールの活用によって切り拓かれる名古屋の未来が、今から楽しみです。

事例⑤

電子印鑑による申請業務の効率化で
多忙な保育園スタッフの負担を軽減

社会福祉法人　ユーカリ福祉会

導入の成果

外部でも簡単に決裁ができるようになり、多忙な保育スタッフの業務軽減につながった。保管スペースの削減にも大きく貢献している。

1967 年に保育事業を開始し、1980 年に厚生省（現・厚生労働省）の認可を受けて設立された社会福祉法人ユーカリ福祉会。児童憲章の精神を基本理念に、現在は東京や千葉、神奈川あわせて 10 箇所の保育園を持ち、地域に根ざした保育園を運営しています。また、児童の保育のみならず、地域や保護者の育児支援にも目を向けるなど、270 名を超える保育士および職員とともに、子育て環境の充実に力を注いでいます。

同法人では、各園が物品購入などを申請する際の決裁業務を効率化する目的で、Shachihata Cloud を利用しています。

社会福祉法人　ユーカリ福祉会
https://yukarifukushikai.or.jp/

導入のきっかけ

ICT（情報通信技術）の活用によって物品購入など決裁業務の効率化を目指す

同法人では、各保育園の決裁業務に問題を抱えていました。以前は、物品の購入などの際、各園で起案書を作成し、本部に郵送した上で決裁というフローでした。園が 10 箇所あるので郵送コストも高く、スタッフにも負担がかかります。また、起案書を保管するスペースの確保も必要です。さらに、決裁者である本部の理事は非常に多忙なため、迅速な対応がとれない状況でした。そのため、物品購入申請の決裁がおりるまで 1 箇所もの時間がかかるケースもあったそうです。

一方、監査記録を認めてもらうためには、「印影が有効であり押印が必要不可欠」でした。補助金で運営しているため、監査では証拠となる資料を明らかにする必要があり、そのためには印鑑による決裁が必要なのです。

Shachihata Cloudは、電子印鑑が使えるだけでなく、オンラインストレージとして信頼性の高い「box」と連携することで紙書類の保管スペースに関する課題を解決できます。クラウドであれば、忙しい本部の理事長や事務総長も外出先からスマホやタブレット端末で簡単に決裁できることもあり、同法人はShachihata Cloudとboxの連携ソリューションを導入しました。

▶▶ 導入後の変化 ▶▶

電子印鑑サービスを使って外部でも簡単に決裁、保管スペースの削減にも大きく貢献

各園の事務長・園長が起案書をShachihata Cloudにアップロードすると、あらかじめ設定した決裁者へ依頼のメールを送信できます。メールを受け取った決裁者である本部の理事長や事務総長は、パソコンやスマホ、タブレットで閲覧・確認。承認後は起案者に戻り、boxへ保管しています。

決裁を待つという問題が解消されたこともあり、保育に向けたアクションが素早く実行できるようになりました。また、園ごとに毎月30件以上発生している起案書の保管がboxでおこなえるようになったことで、本部での仕分け作業や保管スペースの効率化にもつながっていて、以前の半分近くにスペースを削減できているそうです。

今後の展望

職場環境の改善によって保育士が働きやすい基盤づくりへ

保育士には日誌や保育過程などを自治体に提出する書類を作成し、作成者として書類に押印する仕事もありますが、こうした業務にもShachihata Cloudを使えば、負担が減ることが考えられます。

「確認や同意書、各種案内通知など、保育園に通う保護者とのコミュニケーションツールとしての活用も考えられます。保育士の人事情報管理や新規の保育園設置の際に必要となる膨大な書類についても、Boxを活用してスムーズに収集・管理・保管していきたいです」と、今後の活用について担当者が説明してくれました。

ネーム印から電子印鑑まで、時代の変化とともに「記す、伝える、認める」を核に事業領域を拡大

インタビュー　シャチハタ株式会社　代表取締役社長　舟橋 正剛

「シヤチハタ」といえば、誰でも思いつくのが朱肉不要のネーム印。
それに加えて現在では、導入数60万件という電子決裁サービス
Shachihata Cloudを運営し、
「電子印鑑といえばシヤチハタ」というイメージも確立されつつあります。
それを支えているのは、ユーザーから入ったオーダーを
丁寧につくり上げるメーカーとしてのこだわりと、
顧客のニーズに応え続けてきた企業としての信念です。
「脱ハンコ」が叫ばれる現在、
シヤチハタの未来像について舟橋社長に伺いました。

問　ネーム印は現在まで、どのくらいの方々に利用されているのでしょうか？

ネーム印の累計販売数は、1億8500万本で、年間製造本数は約300万本です。

ネーム印は印鑑ではない新しいハンコとして家庭からオフィスまで幅広くお使いいただいています。発売した当初は、販売店からハンコや朱肉が売れなくなるといった非難がありましたが、「あくまでも簡易のハンコです。公式な文書では使えません」という説明をしながら取扱店を増やしていきました。今までにない商品でしたので、なかなか認知されませんでした。脚光を浴びるきっかけとなったのは、1970年の大阪万博です。当時は積極的に広告展開していたこともあり、回覧板や郵便などに「ハンコを押してください」といわれたときにサッと押せるということが評判になりました。

ユーザー層については、明確にはわかりませんが、6割ぐらいがBtoBではないでしょうか？　ただ現在は、オフィスで使うものも“個人買い”の時代ですから、その意味では、個人のお客様が増えていると感じています。

問　現在の売り上げ構成などを教えてください。

売上構成は、75％が国内の文具事務用品、20％が海外の筆記具、残り5％が電子印鑑関係とそのほかの新規事業になっています。デジタル分野の伸長については、まだこれからになりますが、クラウド決裁サービスをベースにビジネスで活用できるさまざまなソリューションに取り組み、2025年度には現在の10倍以上の売り上げを目指しています。

電子決裁サービスは、1995年に提供を開始して以来約25年間、毎年2億円ぐらいの売り上げで推移してきました。その間には、OSやデバイスが進化し、アプリケーションの潮流がクラウドにシフトしたり、それに付随したサブスクリプションが一般化するなどしましたが、その変化に対応するために、私たちもいろいろな展開をしてきました。しかし、日本社会が決裁方法を本格的に電子化するという雰囲気には、まだまだなりませんでした。

私たちは、“アナログもあり、デジタルもあり”の会社ですから、そのバランスを模索しながらサービスを提供し続けてきて、「必ずどこかでデジタルの売上が大きくなる」と考えていましたが、皮肉にもコロナ禍によって背中を押された形になりました。

2025年は、弊社の創業100周年にあたります。それと同時に、電子決裁サービスの提供開始から30年になります。売り上げ目標を立てはしましたが、がむしゃらに達成しようとは考えていません。私たちは、商品を使っていただいたお客様の意見をつぶさに聞いて、それに対応する会社です。アナログのハンコは、1人ひとりのオーダーを聞いて、1つひとつ、つくっています。これはデジタルのサービスであっても同様で、お客様のニーズに合わせて、それぞれカスタマイズしていくことが大切です。電子決裁はもちろんですが、それだけではなく、お客様によって利用するメニューが違うということにきめ細かく対応していきながら「シヤチハタは使いやすいよ。やめられないよ」といっていただけるような状態を確立していきたいと思っています。

問　Shachihata Cloudの導入数は右肩上がりだとお聞きしていますが、“脱ハンコ”や“押印廃止”については、どのようなお考えでしょうか？

新型コロナウイルス感染症が拡大し、仕事がリモートに切り替わった中で「押印だけのために出社するのはナンセンス」という声が上がりましたが、基本的には、ハンコそのものが問題なのではなく、ワークフローや手続きの問題点が指摘されたのです。リモートになったときにキチッと決裁ができる仕組みや、デジタルで契約できる仕組みができていない中で宣言が出てしまったので、“脱ハンコ”とか“押印廃止”に発展していったと思うのです。

ハンコ自体は、「合意をしたよ」という意思を表しています。ですから、デジタルになったからといって、なくなるものではないと思います。特に印影そのものを「ハンコじゃなくてサインの方がいい」というのは、本末転倒じゃないかと思います。ずっとハンコの印影で決裁や承認をしてきた日本ですし、いろいろな形で認証していく印（しるし）としては、日本では最もわかりやすいものでしょう。

契約書も、お互いの朱の印影が付いていた方が安心できます。デジタル上の契約書においても、そういったところがあるのではないでしょうか。朱の印影の裏側にキチっとしたセキュリティの補完がなされていれば、デジタルでもアナログでも、変えるべきではないのではないかと考えます。

そもそも、私たちのサービスは、「アナログでやってきたことを、そのままデジタルでもできたらいいな」というのが発想の原点で、一部の部署だけでなく、会社全体で便利に使っていただけなければ意味がないので料金を抑えています。また、仕事のやり方も、書類をメールで受け取り、押印するというこれまでの流れを変えないように設計しており、パソコンだけでなく、タブレットやスマートフォンを使ってクラウド上にある印影を押して、メールで返すことができます。Shachihata Cloudは「仕事の流れを基本的に変えない」というのが差別化の1つだと思います。

現在は、電子化の波が来ていて、「多くの人に認知していただき、使っていただきたい」ということはありますが、アナログとデジタルのバランスをとりながら、「どちらでもいけますよ」といいたいですね。アナログとデジタルの印影を、最終的には紐づけて証明することも可能ですし、書体そのものも私たちがつくったシヤチハタフォントですから。

問　シヤチハタはハンコ会社ではない。「素材」と「印（しるし）」の会社というフレーズをお聞きしましたが、これについてご説明ください。

ネーム印を多くの方にご愛用いただいており、ハンコの会社というイメージが強いのですが、世の中にある素材を買ってきて商品をつくるのではなく、インキであっても、ゴムであっても自社での開発が基本です。自社でゴム工場、インキ工場、組み立て工場を持っているので、用途に合わせたゴムを加工し、特殊インキのレシピも自前で作ります。X スタンパーのボディに使われているプラスチック部品の金型も自社でつくり成形しています。そして印面のデザインは、お客様からいただいたリクエストをもとに 1 つひとつつくっています。商品としては印章関係とか筆記具が多いですが、さまざまな素材研究を通して特殊なインキやゴムシートなども生まれてきています。

たとえば、工場で加工した製品に対して、作業の終了印がほしいといわれたとき、大手メーカーさんは量が少ないので断っても、うちは対応してきました。その結果として、多くの特殊インキが出来上がったのです。

ゴムも同様です。基礎研究をする中で「電波吸収体」という電波を通さないものや、放射線を通さない「放射線遮断シート」が生まれています。本来は、ニーズに応えてつくったという方がいいのでしょうが、試行錯誤している間に出来、後からマーケットを考えるものもあります。このように、私たちはインキやゴム素材の開発にこだわりがあって、さらには業務もそこから生まれてくるものを主流にしておりますので、そういうことから“ハンコ会社”ではなく、「素材」と「印（しるし）」の会社という表現になったと思っています。

問　デジタル事業については、どのようにお考えでしょうか。

私たちは、IT 企業ではありません。デジタル事業も、人も含めて拡張しながら一所懸命やっていますが、どこまでおこなってもIT 企業と競合するなどということは考えていません。電子決裁システムの中で、印とするものはハンコが一番、印影があった方がいいよ、といったことが、日本社会全体で認められるのであれば、そこにはいろいろな企業が登場し、いろいろな契約の仕方、決裁の仕方があると思うので、そこに対して競合ではなくて、協業として印影を提供させていただければいいと思っています。

長年携わってきたおかげで、名前の印影はたくさんあります。それをリーズナブルに提供して、うまく協業して、使っていただく人に「これは便利だ」といっていただくのが最終目標です。そういった意味でも、デジタルに比重をかけていくというよりは、アナログとデジタルのバランスをどこかでとりながら、アナログの方は、メーカーとしてのこだわりをしっかり持って進んでいきたいですね。

問　今後の展望をお聞かせください。

私たちは、国内のスタンプを中心とする事業、海外の筆記具を中心とする事業をおこなってきましたが、いずれも紙が減れば、アナログの商品も徐々に減っていくと思います。BtoB をメインでやってきたので、そこでは、より便利なものを出していきたいと思っています。

ただ、それを補完する意味でも BtoC は重要です。たとえば、子どもが便利に楽しく使えるもの、親御さんが子どものために便利に使えるもの、公衆衛生面で役に立てるものなどにも、アイデアを出していきたいと思っています。

そういった考え方から開発したものの1つが「手洗い練習スタンプ　おててポン」です。これは、子どもに手洗いの練習をしてもらうためのスタンプで、手に押すとバイ菌のイラストが現れます。肌に押しても大丈夫で、石鹸で30秒ほど洗えば消えるインキを使用しています。子どもたちに楽しく手洗いしてもらうことが目的です。

お子さんが小学校に上がると、親御さんは200種類ぐらい持ち物に名前を書かなければなりませんが、記入する場所の大きさはバラバラで、その素材も紙や布、プラスチックなど、さまざまです。そこで、私たちの特殊インキを使った「おなまえスタンプ」を開発しました。どこにでも押せて、手間は劇的に軽減されます。ニッチな商品ではありますが、親御さんの面倒を無くすという点で、大きく貢献できているのではないでしょうか。

また、DIY市場が拡がる中で、アート&クラフトなどで趣味的に使われる商品のマーケティングをしっかりして、ユーザーのニーズを聞きながら、面白い商品を提供していきたいと思っています。世の中には、インキとスタンプで解決するものを探せばちょこちょこあります。そういった点からも、少しずつでもBtoC商品を出していきたいですね。

一方のデジタルですが、Shachihata Cloudをさらに使いやすいシステムにするのはもちろんですが、会社ごとに異なるニーズに応えていくサービスを、長い目でみながら、提供できるといいと思っています。

新規事業としては、ゴム素材やインキなどの開発はもちろんです。それに加えて「個別認証システム」にも力を入れています。偽造を防止する新しい認証システムで、物質の持つ個体の個別性をみ分ける技術になります。この技術は、印影の偽造防止を研究する中から誕生しました。たとえば、ラベルなどの印刷物はみた目には何ら変わりはないのですが、ナノレベルで分析すると色の配置が個々に違いがあります。その違いをみ分けることができる技術です。高級ブランド品を買ったときに、製品のラベルを撮影してサーバーに送信すると、保存してあるデータと照合して本物か偽物かの判断が可能になります。バーコードやＱＲコードのように新たな設備が必要ないので、代わり得る技術だと思っています。ただ、すでにバーコードやＱＲコードを導入されているケースが多いので、これを置き換えるのは大変ですが、いずれ社会に役立つときが来ると信じて研究を続けていきます。

取材日：2021年4月23日

プロフィール

舟橋正剛（ふなはし・まさよし）
1965年愛知県生まれ。92年米リンチバーグ大学経営大学院修士課程修了。93年電通入社。97年シヤチハタ工業（現シヤチハタ）に入社。常務、副社長を経て2006年から現職。

Shachihata Cloudの責任者に聞いてみた

導入担当者のための成功する電子印鑑導入法

DXを推進する企業は増加していますが、「ワークフロー改善」という課題を解決するために最も手軽な方法は「電子印鑑を導入すること」でしょう。電子印鑑なら、操作も簡単で業務効率もアップ。また、どこにいても操作でき、社外との連携もスムーズです。導入する手間がかからない電子印鑑は、“新時代の必須ツール”といっても過言ではありません。

ここでは、導入数60万件、継続率97％を誇るShachihata Cloudを運営するシヤチハタ株式会社のプロジェクト責任者に、これまでの経験から、「電子印鑑導入を成功させるためのポイント」を教えていただきました。導入担当部署の人は、ぜひ、参考にしてください。

はじめに

私たちは、これまでに 25 年間、「電子印鑑システム」を販売してきました。これほどの長い間、同じシステムの販売をおこなってきた中で、業務改革を推進し会社の古い体質を改善し、未来に向けた新しい体質づくりを目指す会社はどのようなことをおこなっているのかを、少しでも皆さまと共有できればと思います。

まだ「業務改革を手掛けていない」、「これから会社を変えて行くんだ」、という声に対して、少しでも参考になるよう、情報をお伝えします。

第 1 段階
部門導入

まずは
「スモールスタート」

失敗しても痛手の少ない
部署レベルに導入する

最初におこなってほしいことは「スモールスタート」です。「早くシステムを導入したい」「すぐに結果を得たい」というはやる気持ちはいったんお擱いておき、失敗しても痛手が少ない部署レベルのスモールサイズで、運用を始めるべきです。

部署の仲間であれば意志も伝わりやすいし、多少の無理も応援してくれることと思います。頭で考えている以上に現実は複雑だったりしますので、システムを導入してすぐに「こんな問題点があるんだ」とか「こんな運用していたなんて知らなかったよ」ということは、比較的よく聞く話なのです。

第 2 段階

運用ギャップの把握と対策

できるだけ現行の運用を
変更しないように
「フィット&ギャップ」

ヒヤリングやアンケートの
実施も検討

俗に「フィット&ギャップ」といいますが、システムと現在の運用とのギャップについて把握します。システムは要望に応じて1から設計した「スクラッチ開発」でない限り、現運用をすべてカバーすることは不可能です。特に汎用的なサービスの場合、運用をシステム側に合わせる必要があり（これを「B.P.R. = ビジネス・プロセス・リエンジニアリング」といいます）、仕事をする仲間に運用変更に協力してもらわなければなりません。であることから、ここは慎重且つ綿密な確認作業が求められます。

もしシステムの仕様上、どうしても運用を変更しなければならないのなら、「どの方法が一番ストレスなく運用変更できるか」を検討し、皆が納得できる資料も作成する必要があります。

第3段階

マニュアル作成

トラブル回避のためにも必要
繰り返し改変を加えて完成させる

マニュアルは更新しながら
完成に近づけていく

現状の運用とシステムの仕様との差分が把握できたら、マニュアルを作成し、落とし込み資料を作成します。外部の人はもちろんですが、社内の仲間でもちょっとした行き違いや言語領域の違いからトラブルになることは少なくありません。特に自部署以外の場合、運用変更に対する反発は思った以上に大きく、思わぬところから「業務改善反対」の矢が飛んでこないとも限りません。

マニュアルは初版作成後、自部署の仲間にチェックを入れてもらい、運用をおこなったうえで改修を加えながら完成形へと進めて行きます。この作業はしっかりおこなわねばなりません。ここでの努力は後の全社展開の時、大きな武器となり、あなたを助けることになるでしょう。

第 4 段階
導入スケジュールの作成

「改革の必要性」
「仕事がどう変化するか」
丁寧な説明が重要

スケジュールは社内プレゼンでも
重要なポイント

ここまで来たらあと少しです。部署内での成果を資料に起こし、社内プレゼンで「業務改革に関する予算」を取らねばなりません。プレゼンでのポイントは次の通りです。

「なぜこうあるべきなのか」

「これをおこなうことによりどのような効果が期待できるのか」

「費用対効果はどう考えているのか」

「どんなスケジュールで進めるつもりなのか」

プレゼンがうまく行けば、社内における貴方の評価も確実にあがると思います。そのためには、スケジュール作成をあらかじめ頭の中に入れておかねばなりません。

また、自部署以外のメンバーは運用を変更することに対して、基本的には「反対」の筈です。人は変化を怖がるものです。「なぜこの改革が必要なのか」、「この改革を実行することにより仕事がどう変化するのか」といったことを丁寧に説明する必要があります。

第5段階

導入後のレポートと次の対策へ

解決してきたFAQを元に
運用とシステム化の推進
システムの導入効果
ビフォー／アフターについて
数値を使いながら説明
return
Next Steps
alt
contro
導入後、すぐに次の対策へ

無事に役員決裁で承認をもらえたら、次は社内説明会へと進みます。ここからは本格的なシステム導入ですが、ここで自部署でおこなったフィット＆ギャップによる経験と、その後に作成したマニュアルが大きく生きてきます。

これまでに解決してきたFAQを元に運用とシステム化を推進していきますが、ここでも部署特有の運用が生じますので、常にマニュアルの更新をおこなってください。

軌道に乗り、運用が落ち着いてきたら、システムの導入効果を測定します。社内のメンバーにわかりやすく説明するために、ビフォー＆アフターについて数値を使いながら説明しましょう。

ここまできたらひと段落ですが、休まずに次の対策を進めることをお勧めします。会社の業務改善は絶え間なく続きます。対策を継続することで連携させることやシナジー効果も見込めます。

最後に、Shachihata Cloudでは、導入前から「オンライン相談」を受けられるなど充実したサポートを提供しています。わからないこと、お悩みがありましたら、ぜひ、ご利用ください（詳しくは221ページ）。

第五章

これであなたの
疑問解消！
電子印鑑 Q＆A

これまで Shachihata Cloud に寄せられた
問い合わせの中から
「よくある質問」を抜粋してご紹介します。

Q1

ハッキングやなりすましが心配なのですが、セキュリティ対策はどのようになっていますか？

A

Shachihata Cloudでは、高度なセキュリティ対策をおこなっています。たとえば、通信回線の暗号化や登録ファイルの暗号化、パスワードについても暗号化などをおこなっています。また、ユーザ認証は複合認証を用いて本人性担保を高め、さらに文書セキュリティにについては、電子署名（公開鍵暗号方式）やタイムスタンプにより、改ざん防止や存在証明を実現しているので、安心して利用できます。

Q2

ファイル（文書）の保管期限はありますか？

A

保管期限は、Shachihata Cloudにファイルをアップロードしてから1年間です。それを経過すると削除され、復元できなくなります。

Q3

添付ファイルを付けて回覧を回すことはできますか？

A

Shachihata Cloud では1つのタブにファイルを続けてアップロードし結合登録させることができます。またタブは、最大5個まで増やすことができ最大で 50MB のファイルを1度の回覧で回すことができます。

さらに Business 版では、タブごとに「社外秘設定」を登録できる機能も有ります。

Q4

誰がいつ捺印したのか、履歴（ログ）を確認することはできますか？

A

可能です。利用者操作履歴、管理者操作履歴などを管理アカウントで確認することができます。

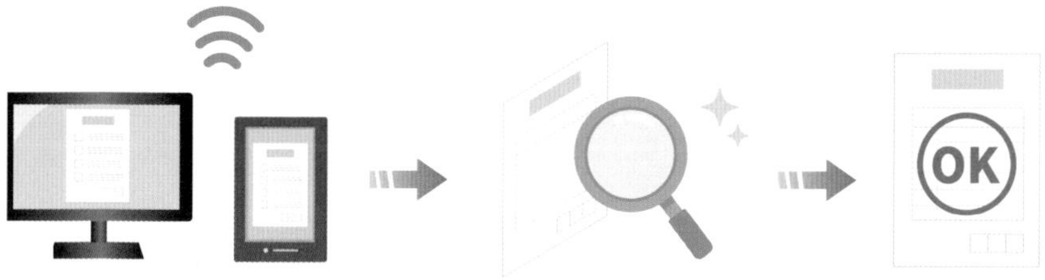

Q5

電子ファイル上で誰が押した印影なのか確認することはできますか？

A

可能です。押された印影をクリックすると、捺印者のメールアドレスと捺印日時、アップロードした際のファイル名などが表示されますので、わずかな時間で確認することができます。

Q6

会社がテレワークを推奨していますが、自宅からでも使用できますか？

A

使えます。インターネット環境さえあれば、パソコン、スマートフォン、タブレットPCなど、どの端末からでも利用できます。個人のパソコンを使用する場合は、会社の了承を得なければならないケースもありますので、事前に上司（会社）に問い合わせておきましょう。

Q7

取引先とのやり取りにも利用したいのですが、そのために相手方も、本サービスに加入する必要がありますか？

A

加入の必要はありません。取引先企業は、「ゲストユーザー」として利用できます。回覧文書の確認はもちろん、氏名印（認印・日付印）を使って承認することも可能です。

ただし、相手方が氏名印以外の印鑑（社印などのオーダーメイド品）の利用を希望する場合は、サービスに加入する必要があります。

Q8

サービス導入までは、どれくらいの期間がかかりますか？

A

申し込み後、１～２営業日で導入が可能です。また、Shachihata Cloudは、紙と同じ捺印による決裁方法なので、ワークフロー運用方法を変更しなくても電子化でき、導入は簡単です。

Q9

Standard スタンダード版と Business ビジネス版のどちらを選べばいいかわからないのですが？

A

社内回覧だけで利用するならStandard版を推奨しています。社内だけではなく、社外との文書の取り交わしにも利用する場合は、セキュリティ機能が強化されたBusiness版がお勧めです。

Q10

会社で導入したいのですが、トライアルは何人までできますか？また、印鑑数に制限はありますか？

A

人数制限はありません。印鑑数も無制限です。まずはトライアルで運用してみて、周囲の方々の意見を聞いてみましょう。

Q11

ファイル（文書）の改ざんや複製による不正利用が不安です。

A

Shachihata Cloudでは「改ざんや複製による不正利用に関するセキュリティ確保」として次の３点の対策を講じています。

◎本人性の担保

インターネットにおける不安要素の１つである「本人性の担保」については、Business版の標準機能として搭載している「二要素認証」が有効です。ログイン時のユーザ認証として通常使用する「ID/Password認証」に加え、「パスコード認証」または「QRコード認証」のどちらかを選択することで複合的に本人認証を実行することができ、本人性の担保を向上させることができます。そのほか、「IPアドレス制限」や「SAML認証（有償）」のオプションも用意されています。

◎原本性の確保

さらに「原本性の確保」については、Business版標準機能である「クラウド署名」方式による公開鍵暗号方式（PKI）と有償オプションの選択によるタイムスタンプの付与もできるので、書類の存在証明と署名後の変更確認処理をおこないながら書類の承認を実施できます。

◎見読性の確保

「見読性の確保」について、Business版では、承認後の文書ファイルは必要に応じ（署名済み）PDFファイルでの保存や、紙に出力することができます。それにより明瞭かつ整然とした形で閲覧することができます。

※QRコードは（株）デンソーウェーブの登録商標です。

Q12

Shachihata Cloud に登録した印鑑は、誰でも捺印できてしまうのですか？

A

いいえ、できません。管理アカウントで誰に、どの印鑑を使わせるかを制御できます。社員それぞれが1つの印鑑（氏名印など）のみ、使用できるようにすることが可能です。

Q13

初期費用はかかりませんか？

A

初期費用は0円です。印鑑の利用料のみで始められます。そのほか、有償オプションについては別途費用が発生します。

Q14

パソコンに不慣れな社員が多いので使いこなせるか不安です。

A

Shachihata Cloudの使い方は簡単です。直感的に操作できるので、マニュアル不要でスムーズに導入できます。

Q15

スマホから操作できますか？

A

可能です。ブラウザからであれば承認操作がおこなえます。専用アプリをダウンロードすることで、申請・承認操作を両方おこなうことができます。

Q16

Excel ファイルや Word ファイルはアップロードできますか？

A

Microsoft Excel/Word はアップロード可能です。それらはアップロード後にPDF に変換されます。

Q17

日付印は利用できますか？

A

利用できます。氏名印とは別に用意されており、当日の日付が自動で反映されます。

Q18

手書きのサインは対応していますか？

A

対応しています。手書きのサインをスタンプとして登録することができます。

Q19

利用者１人あたりの印鑑数の上限はありますか？

A

１契約あたりの印鑑数の上限はありません。契約数の範囲内で利用できます。なお、契約数を増やす場合は、Shachihata Cloudの契約サイトより追加購入が可能です。

Q20

「ゲストユーザー」ができることを教えてください。

A

ゲストユーザーとは、Shachihata Cloudに登録されていないユーザを指します。ゲストユーザーの権限として、回覧文書のダウンロードや差戻し、その場で印鑑（氏名印）を作成して捺印と承認ができます。なお、ゲストユーザーに回覧している文書の引き戻しや差戻し依頼はできません。ゲストユーザーに回覧文書を送信した回数は、管理者画面で確認できます。

Q21

「共通印」とは、どのようなものですか？

A

共通印とは、申し込んでから作成するオリジナルデザインの印鑑で、複数の利用者に同じ印鑑を割当てて利用することができます。ただし、トライアル期間中は共通印の申し込みはできません。

共通印申請書をダウンロードしてお手持ちの印鑑を捺印し、郵送にて申し込むと、共通印申請書が弊社に届いてから10日程度で作成が完了し、利用できるようになります。

共通印の作成に料金は発生しませんが、割り当てた人数により契約の印鑑数ライセンスを人数分消費します。

Q22

利用者に共通印のみを割りあてることはできます？

A

Standard版では、利用者に共通印のみを割りあてることはできません。氏名印を必ず付与する必要があります。

Business版では、利用者に共通印のみを割りあてることが可能です。

オンライン相談

Shachihata Cloudは、無料トライアル期間から「ご利用サポート」を受けることができ、「オンライン相談」も可能です。

また、Shachihata Cloudセキュリティチェックシートも公開しているので、導入の際には自社のセキュリティ基準に活用しましょう。

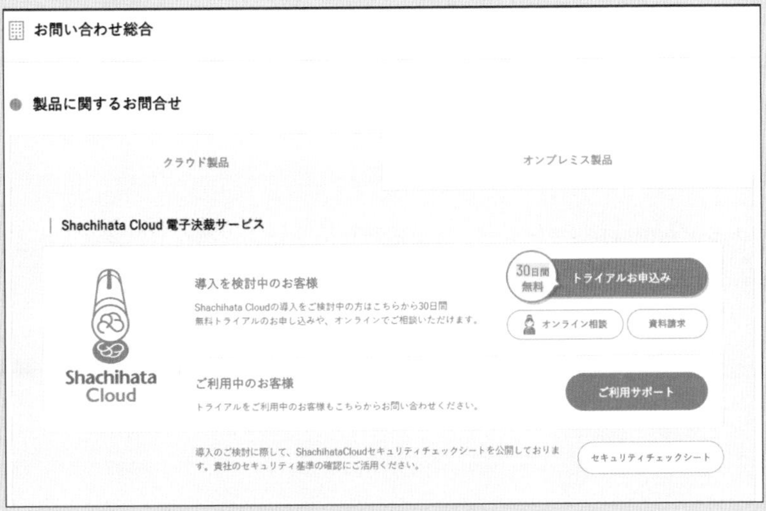
お問い合わせ総合
製品に関するお問合せ
クラウド製品
オンプレミス製品
Shachihata Cloud 電子決裁サービス
Shachihata Cloud
導入を検討中のお客様
Shachihata Cloudの導入をご検討中の方はこちらから30日間無料トライアルのお申し込みや、オンラインでご相談いただけます。
30日間無料
トライアルお申込み
オンライン相談
資料請求
ご利用中のお客様
トライアルをご利用中のお客様もこちらからお問い合わせください。
ご利用サポート
導入のご検討に際して、ShachihataCloudセキュリティチェックシートを公開しております。貴社のセキュリティ基準の確認にご活用ください。
セキュリティチェックシート

https://dstmp.shachihata.co.jp/support/

終わりに

急激な社会の変革により、政府主導であらゆる手続きに、電子化の波が押し寄せてきています。

その中でクローズアップされたのが電子決裁、つまりオンラインによる承認のワークフローです。

これまで紙でおこなっていた「申請～承認（確認）～決裁」という業務の流れを、今後はネットワークを介して、サーバー上やクラウドサービスでおこなうようになって行くのです。

その主役ともいうべき「電子印鑑」は、これまで普通のハンコが担ってきた役割を十分にクリアしています。むしろそれ以上に、本人性を証明し、文書の信頼度を高めることができています。さらには、利便性や安全性も担保され、今後ますます普及していくことは間違いありません。

そして、この流れが止まることはありませんし、いずれ日常生活の中にも浸透してくることでしょう。

日本社会に根付いてきた“ハンコ文化”は、デジタル技術が進化しても、電子印鑑という形で残されました。長い時間を経て、日本人の生活に欠かすことができない存在となっていたハンコは今、社会の変革とともに「アナログからデジタル」へ大きく変化しているのです。

本書をご利用いただくことで、読者の皆様の業務効率の向上が達成されることを願っております。

編集部

<参考>

内閣府「新型コロナウイルス感染症の影響下における生活意識・行動の変化に関する調査」
経済産業省「デジタルトランスフォーメーションを推進するためのガイドライン（DX 推進ガイドライン）」
経済産業省「DX レポート ～ IT システム「2025 年の崖」克服と DX の本格的な展開～」
経済産業省「デジタル経営改革のための評価指標（DX 推進指標）」
経済産業省「2025 年の崖問題と DX 推進に向けた政策展開」
総務省「令和元年通信利用動向調査」
総務省「政府調達（公共事業を除く）における契約の電子化のあり方に関する検討会」資料
内閣官房情報通信技術（IT）総合戦略室「政府 CIO ポータル」
法務省「商業・法人登記のオンライン申請について」
e-gov ポータル
国税電子申請・納税システム e-Tax
東京都新型コロナウイルス感染症対策本部「テレワーク導入率調査」
特許庁ウェブサイト
日本公証人連合会ウェブサイト
JIPDEC「企業 IT 利活用動向調査 2020」
日本郵政「お届け日数表」
文部科学省「研究機関における公的研究費の管理・監査のガイドライン（実施基準）」
シヤチハタ株式会社「Shachihata Cloud」

まるわかり！電子印鑑 2021年度版

知識ゼロからはじめるDX

2021年7月7日 第1刷発行

発行人　高橋勉
制　作　白秋社編集部
制作協力　株式会社ハップ　小山真史　吉村高廣　早川祐子
装　幀　小林秀嗣
監　修　弁護士・河﨑健一郎　同・稲村宥人（早稲田リーガルコモンズ法律事務所）
発行所　株式会社白秋社
〒102-0072 東京都千代田区飯田橋4-4-8 朝日ビル5階
電話 03-5357-1701
発売元　株式会社星雲社（共同出版社・流通責任出版社）
〒112-0005 東京都文京区水道1-3-30
電話 03-3868-3275　FAX 03-3868-6588
印刷・製本　モリモト印刷株式会社
制作協力　シヤチハタ株式会社
写真素材　PIXTA　AdobeStock

ISBN　978-4-434-29061-9